Conteúdo digital exclusivo!

Cadastre-se e transforme seus estudos em uma experiência única de aprendizado!

Acesse agora

Portal:
www.editoradobrasil.com.br/crescer

Código de aluno:
5116396A1204927

Lembre-se de que esse código é pessoal e intransferível. Guarde-o com cuidado, pois é a única forma de você utilizar os conteúdos do portal.

Priscila Ramos de Azevedo

CRESCER

Língua Portuguesa

3º ano

Dados Internacionais de Catalogação na Publicação (CIP)
(Câmara Brasileira do Livro, SP, Brasil)

Azevedo, Priscila Ramos de
　　Crescer língua portuguesa, 3º ano / Priscila Ramos de Azevedo. – 1. ed. – São Paulo: Editora do Brasil, 2018. – (Coleção crescer)

　　Bibliografia.
　　ISBN 978-85-10-06851-2 (aluno)
　　ISBN 978-85-10-06852-9 (professor)

　　1. Português (Ensino fundamental) I. Título. II. Série.

18-15565 　　　　　　　　　　　　　CDD-372.6

Índices para catálogo sistemático:
1. Português: Ensino fundamental 372.6
Maria Alice Ferreira – Bibliotecária – CRB-8/7964

1ª edição / 1ª impressão, 2018
Impresso no Parque Gráfico da Editora FTD

Rua Conselheiro Nébias, 887
São Paulo, SP – CEP 01203-001
Fone: +55 11 3226-0211
www.editoradobrasil.com.br

© Editora do Brasil S.A., 2018
Todos os direitos reservados

Direção-geral: Vicente Tortamano Avanso

Direção editorial: Felipe Ramos Poletti
Gerência editorial: Erika Caldin
Coordenação de arte: Cida Alves
Supervisão de revisão: Dora Helena Feres
Supervisão de iconografia: Léo Burgos
Supervisão de digital: Ethel Shuña Queiroz
Supervisão de controle de processos editoriais: Marta Dias Portero
Supervisão de direitos autorais: Marilisa Bertolone Mendes

Supervisão editorial: Selma Corrêa
Coordenação pedagógica: Maria Cecília Mendes de Almeida
Consultoria técnico-pedagógica: Lília Santos Abreu-Tardelli
Edição: Camila Gutierrez, Maria Helena Ramos Lopes e Solange Martins
Assistência editorial: Eloise Melero e Lígia Gurgel do Nascimento
Coordenação de revisão: Otacilio Palareti
Revisão: Alexandra Resende, Andréia Andrade e Elaine Cristina Silva
Pesquisa iconográfica: Priscila Ferraz e Tatiana Lubarino
Assistência de arte: Samira Souza
Design gráfico: Andrea Melo
Capa: Megalo Design e Patrícia Lino
Imagem de capa: Fernando Vilela
Ilustrações: Claudia Marianno, Fábio Eugenio, Francis Ortolan, Roberto Weigand, Ronaldo Barata, Sandra Lavandeira, Suzan Morisse e Vanessa Prezoto
Produção cartográfica: Sonia Vaz
Coordenação de editoração eletrônica: Abdonildo José de Lima Santos
Editoração eletrônica: Select Editoração
Licenciamentos de textos: Cinthya Utiyama, Jennifer Xavier, Paula Harue e Renata Garbellini
Controle de processos editoriais: Bruna Alves, Carlos Nunes, Jefferson Galdino, Rafael Machado e Stephanie Paparella

Querido aluno,

Você está começando mais uma etapa, um novo ano que promete muitas descobertas, muito aprendizado.

Foi pensando em você que selecionamos os textos, criamos as atividades, elaboramos novas propostas e desafios para ir além. Esse é o movimento do aprendizado. É preciso crescer, como aluno e como pessoa.

Você vai ler, escrever, dar e ouvir opiniões e, com certeza, descobrir que pode aprender muito mais do que imaginava.

Esperamos que seu aprendizado com os colegas e com o professor seja rico e prazeroso.

A autora

SUMÁRIO

UNIDADE 1
Vamos jogar? 7

Leitura 1 – *Jogo de damas*, Márcia Honora e Mary Lopes Esteves Frizanco 10
Estudo do texto 12
Estudo da escrita
   Sílabas 15
   Classificação quanto ao número de sílabas 17
   Sílaba tônica 18
   Classificação quanto à posição da sílaba tônica 19
Giramundo – Todas as crianças têm o direito de se divertir! 22
Leitura 2 – *Jogo da onça*, Maurício Lima e Antônio Barreto 24
Estudo do texto 26
Estudo da escrita
   As palavras no dicionário 28
Produção de texto – Regra de jogo 30
Oralidade – Explicação oral de brincadeira 32
Outra leitura – *Cabra-cega*, Dilan Camargo 33
Retomada 34
Periscópio 36

UNIDADE 2
De olho nos fatos 37

Leitura 1 – *Na era das mensagens de celular, crianças colecionam selos postais*, Rebecca Vicente 39
Estudo do texto 41
Estudo da escrita
   Acentuação de palavras monossílabas e oxítonas 45
Leitura 2 – *Dragão-marinho-vermelho é filmado pela primeira vez*, Galileu 48
Estudo do texto 50
Estudo da escrita
   Palavras com **G** e **GU** 53
Jogo de palavras 57
Oralidade – Apresentação de reportagem 58
Produção de texto – Reportagem 60
Outra leitura – *O colecionador de manhãs*, Walther Moreira-Santos 61
Retomada 64
Periscópio 66

UNIDADE 3
Perguntas e respostas para conhecer pessoas 67

Leitura 1 – *Vida de índio,*
Joca 70

Estudo do texto 72

Giramundo – Os povos
indígenas..................................... 74

Estudo da escrita
Palavras com **C** e **QU**............... 76

Leitura 2 – Entrevista com
Décio Gioielli, *site* Divertudo.... 78

Estudo do texto 82

Outra leitura – *O leão e o atalho,*
Décio Gioielli 84

Estudo da escrita
Palavras com **R** e **RR**................ 87
Parágrafo.................................... 89
Pontuação 91

Oralidade – Você é o
entrevistador 92

Produção de texto –
Transcrição de entrevista........ 95

Retomada.................................... 98

Construir um mundo melhor –
Instrumentos musicais de
sucata 100

Periscópio 102

UNIDADE 4
Poemas de cordel 103

Leitura 1 – *Desafio do*
trava-línguas, César Obeid.....105

Estudo do texto 108

Oralidade – Recital de
trava-línguas 110

Estudo da língua
Substantivos 111

Verbos 114

Leitura 2 – *Contos encantados*
em cordel, Sírlia Sousa
de Lima 115

Estudo do texto 119

Estudo da escrita –
Com **O** ou **U**?............................ 121

Produção de texto – Poema
de cordel................................... 122

Outra leitura – *João e o Pé de*
Feijão, Everton Bonfim............124

Retomada..................................126

Construir um mundo melhor –
Exposição de xilogravuras 128

Periscópio 130

UNIDADE 5
Divulgação do conhecimento 131

Leitura 1 – *Por que devemos nos*
preocupar com a extinção das
espécies?, Ciência Hoje das
Crianças 133

Estudo do texto 136

Giramundo – Animais
dispersores...............................140

Estudo da escrita
Com **E** ou **I**?............................. 142

Outra leitura – *Deu minhoca na*
história, Elenice Machado de
Almeida 144

Estudo da língua – Adjetivos...148

Oralidade – Exposição oral 150

Retomada..................................152

Periscópio 154

Lie Nobusa

UNIDADE 6
Propagandas para convencer 155

Leitura 1 – *Outdoors* (meio ambiente).................158

Estudo do texto 159

Estudo da língua – Verbos no modo imperativo 162

Estudo da escrita – **Til**, **M** e **N**................................164

Jogo de palavras 165

Leitura 2 – Cartaz (inclusão social)................................166

Estudo do texto 167

Outra leitura – *Inclusão social*, Mauricio de Sousa 170

Oralidade – Relato de opinião 174

Produção de texto – Propaganda institucional 176

Retomada................................178

Construir um mundo melhor – Feira de troca de brinquedos...............................180

Periscópio 182

UNIDADE 7
Dobre aqui, cole ali........183

Leitura 1 – *Porta-retratos*, Thereza Chemello....................185

Estudo do texto 186

Estudo da língua – Verbos no infinitivo 189

Leitura 2 – Tsuru, *Livro de dobraduras*...............................192

Estudo do texto 194

Estudo da escrita
Palavras com **LH**, **NH**, **CH**......... 196
Formação de palavras 198

Outra leitura – *As histórias por trás do* tsuru, *o pássaro sagrado japonês*, Dani Brandão............201

Oralidade – Tutorial..................205

Produção de texto – Instrução de montagem 208

Retomada................................210

Periscópio 212

UNIDADE 8
Diferentes mensagens 213

Leitura 1 – Troca de *e-mails* entre John e Pedro, Paulinho Assunção 215

Estudo do texto 217

Giramundo – História das cartas 222

Estudo da escrita
Palavras com **S** e **SS**................ 226

Outra leitura – Cartas de leitores, *Ciência Hoje das Crianças* 228

Estudo da língua – Concordância: substantivo e adjetivo.................................230

Produção de texto – *E-mail* 232

Oralidade – Debate 234

Retomada................................238

Construir um mundo melhor – Plante uma árvore.....................240

Periscópio 242

Referências 243
Material complementar 245

Lie Nobusa

UNIDADE 1

Vamos jogar?

1. Você conhece as brincadeiras mostradas abaixo? Leia os textos e depois numere as cenas de acordo com as instruções.

| **1** Os participantes formam uma roda. Um deles fica de fora e anda com o lenço na mão em volta do círculo enquanto todos cantam. | **2** Os participantes só podem mover uma peça por vez, com movimentos diagonais e para a frente. | **3** O jogador escolhe um dos saquinhos e lança-o para cima. Ao mesmo tempo, recolhe outro saquinho do chão e, com a mesma mão, apanha o que foi lançado ainda no ar. |

Ilustrações: Claudia Marianno

Antes de ler

1. Leia os textos 1 e 2.

Texto 1

Como desenhar um pequeno javali...

Como desenhar filhotes fofinhos. Trad. Aline Coelho. Barueri: Girassol, 2014. [s.p.].

Texto 2

Jogo dos pontinhos

Formar grupos de três ou quatro participantes. Distribuir folhas cheias de pontinhos em forma de quadrado. Um jogador liga dois pontinhos; o segundo faz outra ligação; o terceiro, idem. Quem traçar a reta que forma um quadrado, coloca sua inicial dentro do quadrado. O vencedor é quem tem mais iniciais dentro dos quadradinhos.

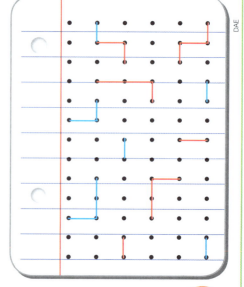

Heliana Brandão e Maria das Graças V. G. Froeseler.
O livro dos jogos e das brincadeiras: para todas as idades.
Belo Horizonte: Leitura, 1997. p. 79.

- Que textos são esses?
- O que esses textos têm em comum?
- O que eles têm de diferente?

Leitura 1

Leia as informações da capa do livro. Depois, converse com os colegas.

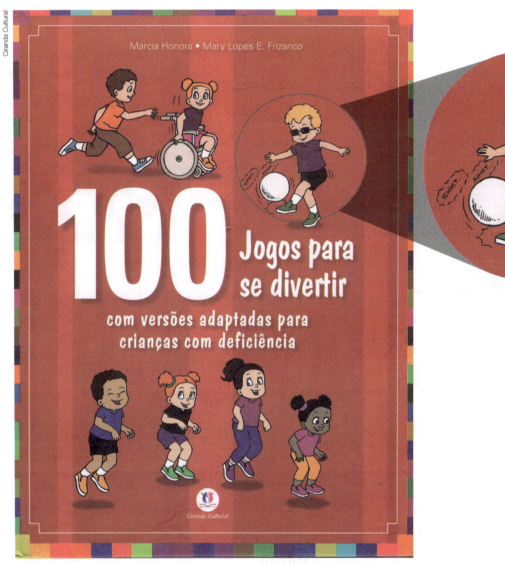

Quem são as autoras do livro?

Qual é o título do livro?

Por que aparece a palavra "shict" junto à ilustração da bola?

Na página seguinte, você vai ler as regras do **jogo de damas**.

O que você entende por **regra de jogo**?

Você sabe explicar as regras do **jogo de damas**?

9

Jogo de damas

[...]

Material

Tabuleiro de damas e as respectivas peças do jogo.

[...]

Descrição do jogo

1. Dividir a turma em duplas.
2. Colocar o tabuleiro entre os jogadores, sendo que as peças (12 para cada um) devem ser posicionadas conforme a ilustração.
3. A primeira jogada é feita por aquele que joga com as peças claras.

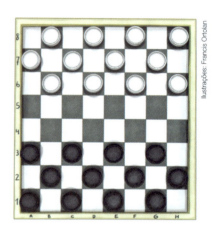

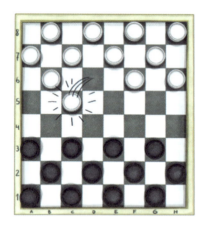

4. Os jogadores devem deslocar suas peças para a frente, em movimento diagonal, uma casa por vez.

5. A peça que alcançar o lado oposto do tabuleiro e ali permanecer no final do lance deverá ser promovida a dama. Então, será colocada sobre ela outra peça da mesma cor, como uma coroação.

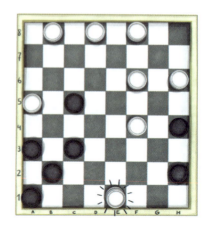

6. A dama pode mover-se para a frente e para trás, em quantas casas estiverem livres, mas esses movimentos devem ser feitos sempre na diagonal.

7. Se uma peça encontra uma adversária em seu caminho, e depois dela existe uma casa vazia na mesma sequência, ela deve saltar a peça e ocupar a casa livre; então, a peça adversária é retirada do tabuleiro.

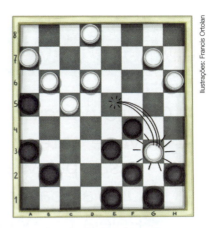

8. Quando a dama e a peça adversária estão na mesma diagonal, perto ou distantes uma da outra, e existe atrás da peça adversária pelo menos uma casa vazia na mesma diagonal, a dama deve obrigatoriamente passar por cima da peça adversária e ocupar qualquer casa livre após a peça, à escolha de quem joga.

9. A partida pode acabar empatada ou com a vitória de algum dos jogadores.

10. O jogador é declarado vencedor quando o seu adversário abandona a partida, vê-se impossibilitado de realizar um movimento ou já perdeu todas as peças.

Márcia Honora e Mary Lopes Esteves Frizanco. *100 jogos para se divertir: com versões adaptadas para crianças com deficiência*. Barueri: Ciranda Cultural, 2016. p. 138.

⭐ SOBRE AS AUTORAS

Márcia Honora nasceu em São Paulo. É fonoaudióloga e escritora de livros didáticos e paradidáticos. Atua como professora universitária e como consultora de inclusão educacional.

Mary Lopes Esteves Frizanco nasceu em Santo André, São Paulo. É professora universitária, professora de inclusão e intérprete de Libras – Língua Brasileira de Sinais. Também escreve livros pedagógicos.

 **Estudo do texto**

1. Circule no texto as palavras que você não conhece.
   a) Você entendeu o texto mesmo sem conhecer essas palavras?
   b) Dite as palavras desconhecidas para o professor.
   c) Releia o trecho em que essas palavras aparecem. O que você acha que elas significam?
   d) O professor consultará o significado das palavras no dicionário. Veja se o que você pensou se confirma.

2. Observe a forma de organização do texto e responda:
   a) Quais são as partes do texto?
   _____
   _____
   b) O que há no item "Material"?
   _____
   c) Por que as etapas são numeradas?
   _____
   _____
   d) Há ilustrações? Para que servem?
   _____
   _____

> Textos que ensinam a jogar, a preparar um alimento, a montar um objeto ou que mostram como um aparelho funciona são **textos instrucionais**. Em geral, apresentam uma sequência numerada de ações.

3. Releia estas instruções.

> **1.** Dividir a turma em duplas.
>
> **2.** Colocar o tabuleiro entre os jogadores, sendo que as peças (12 para cada um) devem ser posicionadas conforme a ilustração.

a) Que expressão indica o modo como a turma deve ser organizada?

_____

b) Onde o tabuleiro deve ser colocado?

_____

c) A expressão "cada um", na instrução 2, se refere a quem?

_____

d) As palavras "dividir" e "colocar" indicam nomes, características ou ações?

_____

> Nos textos instrucionais há palavras que indicam ação; são os **verbos**. Também são verbos as palavras que indicam fenômenos da natureza ou estado de um ser.

4. Marque um **X** no item que completa as frases corretamente.

a) Para vencer o **jogo de damas** é preciso:

☐ capturar ou imobilizar as peças do adversário.

☐ alcançar o lado oposto do tabuleiro.

b) Esse é um jogo que exige:

☐ colaboração. ☐ estratégia. ☐ agilidade.

c) O texto "Jogo de damas" é instrucional porque:

☐ faz um convite.

☐ diverte o leitor.

☐ ensina a fazer algo.

5. Corrija as afirmações a seguir.
   a) É possível aprender como se joga damas lendo apenas uma parte das regras.

   _____

   _____

   b) Uma pessoa que não conhece o jogo poderia entender as regras sem as ilustrações.

   _____

   _____

6. Responda:
   a) A quem as regras do **jogo de damas** podem interessar?

   _____

   b) É importante ler as regras na sequência em que são apresentadas? Por quê?

   _____

   _____

7. Converse com os colegas sobre as questões a seguir.
   • Onde é possível encontrar regras de jogos?
   • Você conhece outros textos que também orientam com regras ou instruções? Quais?

14

Estudo da escrita

Sílabas

1. Junte-se a um colega e observem a reprodução de duas telas de um jogo virtual.

   1ª jogada   **2ª jogada**

   Smartkids. Disponível em: <www.smartkids.com.br/jogo/silabas-jogo-silaba-ba>.
   Acesso em: 19 jul. 2017.

   a) Qual é o nome do jogo? Por que ele tem esse nome?
   _____
   _____

   b) Comparem as duas jogadas. O que é parecido? O que é diferente?
   _____
   _____
   _____

> As palavras podem ser divididas em **sílabas**. A sílaba é um grupo de sons da fala pronunciados num só impulso de voz.

15

2. Escreva o nome das figuras mostradas nas telas do jogo. Coloque cada sílaba em um quadrinho.

a) Em que palavras todas as sílabas são formadas por apenas uma consoante seguida de uma só vogal?

_____

b) Em que palavra há uma sílaba com duas consoantes juntas, seguidas de uma só vogal?

_____

c) Em que palavras há uma sílaba com uma consoante seguida de duas vogais?

_____

d) Em que palavras há sílabas formadas por uma consoante seguida de uma vogal e de outra consoante?

_____

e) O que é possível perceber quanto à presença das vogais nas sílabas?

_____

Na língua portuguesa existem **vogais** em todas as sílabas.

16

Classificação quanto ao número de sílabas

1. Leia o título de algumas brincadeiras cantadas.

- Boi da cara preta
- Borboletinha amarelinha
- Caranguejo
- Cipozim
- Da abóbora faz melão
- Farinhada
- Flor de maracujá
- Lagarta pintada
- Pato, pato, ganso
- Peneira
- Rosa juvenil
- Trem maluco

a) Você conhece alguma dessas brincadeiras? O que se canta nela?

b) Separe oralmente as sílabas das palavras que formam cada título. Depois, complete o quadro.

1 sílaba	2 sílabas	3 sílabas	4 sílabas ou mais

As palavras podem ser classificadas como:
- **Monossílabas**: palavras com uma sílaba.
- **Dissílabas**: palavras com duas sílabas.
- **Trissílabas**: palavras com três sílabas.
- **Polissílabas**: palavras com quatro ou mais sílabas.

2. Circule as palavras das parlendas conforme a legenda.

■ monossílaba   ■ trissílaba
■ dissílaba   ■ polissílaba

Janela,
Janelinha,
Porta,
Campainha,
Trim, trim!

Parlenda.

Chove, chuva, chuvisquinho,
Sua calça tem furinho.
Chove, chuva, chuvarada,
Sua calça está furada!

Parlenda.

Sílaba tônica

1. Observe este verbete de dicionário.

> **amarelinha** a.ma.re.<u>li</u>.nha
> *sf.* Brincadeira de pular num só pé avançando sobre várias casas desenhadas no chão, depois de jogar uma pedrinha, sem pisar na casa em que ela cai.

Caldas Aulete: dicionário escolar da língua portuguesa – ilustrado com a turma do Sítio do Pica-Pau Amarelo. São Paulo: Globo, 2009. p. 38.

a) O que significam os pontos colocados na palavra **a.ma.re.li.nha**?

b) Qual é a classificação dessa palavra quanto ao número de sílabas?

c) Que sílaba foi sublinhada? Você sabe por quê?

> **Verbete** é o conjunto de significados, exemplos e outras informações que explicam uma palavra em um dicionário, enciclopédia, glossário. A palavra que está sendo explicada é a **entrada** do verbete.

2. Leia em voz alta estas palavras do verbete.

amarelinha   brincadeira   pular   casas   pedrinha   pisar

a) Você percebeu que há sempre uma sílaba pronunciada com mais força nas palavras?

b) Separe as sílabas dessas palavras. Depois circule as sílabas que você pronunciou com mais intensidade.

_____   _____

_____   _____

_____   _____

> Em uma palavra, a sílaba pronunciada com mais intensidade é chamada de **sílaba tônica**.

Classificação quanto à posição da sílaba tônica

1. Leia a tirinha.

Disponível em: <http://turmadamonica.uol.com.br/quadrinhos>. Acesso em: 26 ago. 2017.

a) O que a expressão do rosto dos personagens revela em cada quadrinho?

b) O que quer dizer "Chomp!"?

c) Que palavra da tirinha aparece separada em sílabas?

_____

d) Qual é a sílaba tônica dessa palavra?

> Quando a sílaba tônica é a última, a palavra é **oxítona**.

2. Leia a quadrinha.

Sou **pequenina,**
criança mimosa!
Trago nas **faces**
as **cores** da **rosa**.

Quadrinha.

a) A voz que fala na quadrinha é de uma menina ou de um menino? O que você observou para responder?

b) "Mimosa" é o mesmo que:

☐ estudiosa.   ☐ graciosa.   ☐ curiosa.

c) Ao lado do texto, represente com um desenho os dois versos finais da quadrinha.

d) Separe em sílabas as palavras destacadas na quadrinha. Depois leia as palavras em voz alta e circule a sílaba tônica.

_____   _____

_____   _____

_____   _____

> Quando a sílaba tônica é a penúltima, a palavra é **paroxítona**.

3. Leia a fábula.

O astrônomo

Um **astrônomo** tinha o **hábito** de sair à noite para observar o céu. Estava ele um dia caminhando pelos arredores da cidade, o **espírito** perdido entre as estrelas, e, como não viu um poço à sua frente, caiu dentro. Começou então a gritar bem alto. Um transeunte o escutou, aproximou-se e, ao saber como ele fora parar lá dentro, disse:

– Mas o senhor, que vive estudando o que há no céu, não vê o que há na terra!

Esopo. *124 fábulas de Esopo*. Trad. Antônio Carlos Vianna. Porto Alegre: L&PM, 2013. E-book.

a) O que um astrônomo faz?
b) Qual é o ensinamento dessa fábula?
c) Complete o quadro com as palavras destacadas na fábula.

Palavra	Separação silábica	Sílaba tônica

d) Nas palavras do quadro, a sílaba tônica é a:

☐ última.   ☐ penúltima.   ☐ antepenúltima.

> Quando a sílaba tônica é a antepenúltima, a palavra é **proparoxítona**.

21

 **Giramundo**

Todas as crianças têm o direito de se divertir!

Você acha que as crianças de outras partes do mundo se divertem do mesmo jeito que você?

Do que você imagina que elas brincam?

Leia o infográfico da página seguinte.

> **Infográfico** é uma representação que ajuda a organizar dados e transmitir informações por meio de textos breves, imagens, desenhos e outros elementos visuais gráficos.

1. Depois de ler o infográfico, converse com os colegas sobre as questões a seguir.
   - De qual das brincadeiras do texto você gostou mais? Por quê?
   - Em que país essa brincadeira é comum?
   - Como ela é realizada?

2. Se você tivesse de contar para uma criança de outro país como as crianças brasileiras se divertem, o que falaria?

_____
_____
_____
_____

22

Disponível em: <http://cargocollective.com/carvaestudio/INFOGRAFICOS>. Acesso em: 18 jul. 2017.

Observe a imagem:

- Quantas crianças participam do jogo?
- É um jogo de tabuleiro?
- Como são as peças do jogo? Para que elas servem?
- Você sabe como se brinca?

Alunos do Ensino Fundamental brincam com o **jogo da onça**. Belém, Pará, 2017.

Leia as regras do jogo mostrado na imagem acima.

Jogo da onça

Regras do jogo

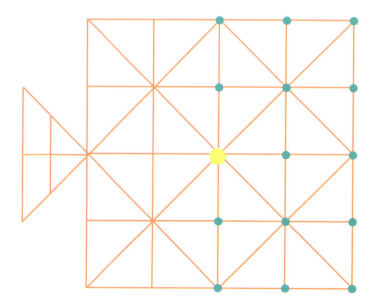

1. Preparação do jogo

Coloque as peças conforme o desenho [...]. Use dois tipos de peças, uma representando a onça e 14 peças para os cachorros.

2. Número de jogadores

Dois. Um jogador fica com a onça e outro com os 14 cachorros.

3. Objetivo do jogo

O jogador com a onça deve capturar cinco cachorros. O jogador com os cachorros deve encurralar a onça, deixando-a sem possibilidade de se mover no tabuleiro. O jogador com os cachorros não pode capturar a onça, deve apenas imobilizá-la.

4. Movimentação

O jogador com a onça inicia a partida movendo sua peça para qualquer casa adjacente que esteja vazia. Em seguida, o jogador com os cachorros deve mover qualquer uma de suas peças também para uma casa adjacente que esteja vazia. As peças podem se mover em qualquer direção. A onça deve tomar cuidado para não entrar em sua toca (parte triangular do tabuleiro). Caso isso aconteça, ela será encurralada pelos cachorros. A onça captura um cachorro quando salta sobre ele para uma casa vazia (como no jogo de damas). A captura pode acontecer em qualquer sentido. O jogador pode fazer mais de uma captura, se for possível (também como no jogo de damas). Os jogadores alternam as jogadas até um dos dois vencer a partida.

5. Vencedor da partida

O jogador com a onça quando consegue capturar cinco cachorros.

O jogador com os cachorros quando consegue imobilizar a onça.

> **Adjacente:** vizinho.
> **Capturar:** prender.
> **Encurralar:** deixar sem saída.
> **Imobilizar:** impedir que algo ou alguém se movimente.

Maurício Lima e Antônio Barreto. *O jogo da onça*. São Paulo: Panda Books, 2005. p. 56.

Estudo do texto

1. Marque um **X** no item que completa corretamente cada frase a seguir.

    a) O texto "Jogo da onça" foi publicado em:

    ☐ um *site*.   ☐ um livro.   ☐ uma caixa de jogo.

    b) O jogo é realizado:

    ☐ em grupos.   ☐ individualmente.   ☐ em duplas.

2. Responda:

    a) Quantas e quais são as peças necessárias para o jogo da onça?

    _____

    _____

    b) Qual é o objetivo do jogo?

    _____

    _____

    c) Quem vence a partida?

    _____

    _____

    _____

    d) Para brincar de **jogo da onça**, é preciso conhecer as regras de outro jogo. Qual é?

    _____

3. Releia este trecho do texto.

> [...] O jogador com a onça deve capturar cinco cachorros. O jogador com os cachorros deve encurralar a onça, deixando-**a** sem possibilidade de se mover no tabuleiro. O jogador com os cachorros não pode capturar a onça, deve apenas imobilizá-**la**.

a) Nesse trecho, o que as palavras em destaque substituem?

_____

b) Que palavra do trecho acima tem o mesmo sentido de "deixando-a sem possibilidade de se mover no tabuleiro"?

_____

4. Agora releia esta parte do texto.

> **Coloque** as peças conforme o desenho [...]. **Use** dois tipos de peças, uma representando a onça e 14 peças para os cachorros.

- O que as palavras em destaque indicam?

_____

 O que aprendemos sobre...

Regras de jogos

- As regras de jogos são textos instrucionais que explicam como realizar um jogo.
- Apresentam um conjunto de informações que são utilizadas ao longo do jogo (material, objetivos, número de participantes, peças) e instruções de como jogar.

27

Estudo da escrita

As palavras no dicionário

1. Observe esta página de dicionário.

Aurélio Buarque de Holanda Ferreira. Ilustrações de Andres Lieban. *Dicionário infantil ilustrado da língua portuguesa*. 2. ed. Curitiba: Positivo, 2008. p. 206.

a) Com que letra começam as palavras dessa página do dicionário?

_____

b) Por que a palavra "maçã" vem antes da palavra "macaco"?

_____

2. Leia estas quadrinhas.

Macaco no galho

Parado na beira da estrada
sem pneu sobressalente,
pede ajuda o motorista
a um macaco sorridente.

Macaco no carro

Esperto, o bicho responde:
– Meu amigo, que buraco!
Se o senhor não tem estepe,
de que lhe serve um macaco?

Renata Bueno e Sinval Medina. *Manga madura não se costura?*
São Paulo: Editora do Brasil, 2012. p. 4-5.

a) Circule a palavra "macaco" nos versos.

b) Leia o verbete "macaco" na página anterior.

c) A palavra "macaco" foi empregada com o mesmo sentido nas duas quadras? Explique sua resposta.

_____

_____

_____

d) Que palavra foi usada na segunda estrofe para se referir ao animal?

_____

e) Que palavras foram usadas para se referir ao pneu de reserva do carro?

_____

Produção de texto

Regra de jogo

- Você já brincou de **jogo da velha**?
- Como é desenhado o diagrama?
- Quantas pessoas podem participar?
- Que símbolo cada participante utiliza?
- Quais são as regras?
- Quem vence o jogo?

Convide um colega para jogar com você.

Agora você e seu colega confeccionarão um **jogo da velha** com material reciclado para dar de presente a um aluno do 1º ou do 2º ano.

Vejam uma sugestão:

Jogo da velha feito com sobra de tecido e pedrinhas com símbolos desenhados.

As regras do jogo deverão acompanhar o presente.

Vejam na página seguinte como será a produção escrita.

Planejamento

Vocês vão escrever as regras do **jogo da velha** para um aluno do 1º ou do 2º ano.

Escrita

Primeiro, façam um rascunho no caderno com:

- título do jogo;
- material necessário;
- número de jogadores;
- objetivo do jogo;
- como brincar;
- vencedor da partida.

Avaliação

Verifiquem se vocês:

- escreveram o título do jogo;
- listaram os materiais;
- indicaram o número de participantes;
- esclareceram os objetivos;
- informaram o passo a passo;
- organizaram a sequência das ações com números;
- escreveram as ações dando instruções aos jogadores;
- ilustraram as regras para auxiliar o leitor.

Observem também se todas as palavras estão escritas corretamente. Se tiverem alguma dúvida, consultem o dicionário.

Reescrita

Mostrem o texto ao professor. Se necessário, façam as correções que ele pedir. Depois, passem o texto a limpo em uma folha de papel ou o digitem e o imprimam.

Escolham um aluno ou uma aluna do 1º ou do 2º ano e deem o jogo de presente a ele ou ela.

Explicação oral de brincadeira

Converse com uma pessoa de sua família sobre as brincadeiras do tempo em que ela era criança.

Em uma folha de papel, faça desenhos que expliquem as regras de uma dessas brincadeiras, onde ela era realizada e que materiais eram necessários para jogar.

Preparação

Ensaie como você vai explicar oralmente essa brincadeira para os colegas da turma.

Apresentação

1. No dia combinado com o professor, apresente suas descobertas aos colegas. Conte a eles tudo o que você ouviu sobre a brincadeira e mostre os desenhos que fez.
2. Durante a apresentação, procure observar seu tom de voz, pois é importante que todos ouçam o que você diz.
3. Fique em pé, na frente da sala. Procure olhar para os colegas enquanto fala.
4. No final da apresentação, pergunte se todos entenderam as regras, se ficou alguma dúvida, se querem fazer perguntas.

Avaliação

Depois de ouvir as apresentações, a turma fará uma votação para escolher uma das brincadeiras para executar.

Outra leitura

Leia o título do poema. Do que ele trata?
O que você acha que vai ler?

Cabra-cega

Brincando de cabra-cega
o mundo fica escuro.
"Cabra-Cega não me pega
aqui estou mais seguro."

Não vale tirar a venda
brincadeira tem hora e regra.
Não vale espiar pela fenda.
"Cabra-Cega não me pega!"

Cabra-Cega vai tateando
vai tateando e não sossega.
Todos brincam se esquivando
Cabra-Cega escorrega.

"Cabra-Cega não me pega!
Cabra-Cega não me pega!"

Dilan Camargo. *Brincriar*. Porto Alegre: Projeto, 2007. p. 10.

1. Por que "o mundo fica escuro" quando se brinca de cabra-cega?

2. O que você entendeu do verso "Brincadeira tem hora e regra"?

3. Que verso se repete? O que esse verso quer dizer?

33

1. Recorte as entradas dos verbetes e as definições que estão no **Material complementar**, página 245. Cole-as no espaço abaixo, da forma como aparecem no dicionário.

Caldas Aulete: dicionário escolar da língua portuguesa – ilustrado com a turma do Sítio do Pica-Pau Amarelo. São Paulo: Globo, 2009. p. 365.

2. Complete a tabela com os verbetes da página anterior.

Verbete	Separação de sílabas	Classificação quanto ao número de sílabas

3. Leia a tirinha do personagem Armandinho.

Alexandre Beck. *Armandinho Cinco*. Florianópolis: A. C. Beck, 2015. p. 45.

a) Por que o menino fez essa pergunta à mãe?

b) Você tem tempo livre para brincar?

4. Retire da tirinha:

a) duas oxítonas – _____

b) duas paroxítonas – _____

c) duas proparoxítonas – _____

_____

35

Periscópio

📖 Para ler

Barangandão arco-íris: 36 brinquedos inventados por meninos e meninas, de Adelson (Adelsin) Murta Filho. São Paulo: Peirópolis, 2008.
Divirta-se com os brinquedos que marcaram a infância do autor e, com certeza, de seus pais e avós. Aprenda também a construir alguns brinquedos. O livro é ilustrado e cheio de dicas, vai marcar sua infância também!

As brincotecas, de Naava Bassi. São Paulo: Editora do Brasil, 2007.
Em um país em forma de triângulo, crianças que moram no topo decidem agir quando descobrem que, na base, há crianças que não têm tempo para brincar porque precisam trabalhar.

A grande campeã, de Maria Cristina Furtado. São Paulo: Editora do Brasil, 2015.
A gaivota Lelê vai competir na Olimpíada de Voos Acrobáticos. Ela só pensa em ganhar o prêmio, mas vai ganhar muito mais que isso. O que será? O livro vem com um CD de músicas.

👆 Para acessar

Brincadeira na aldeia: Que tal conhecer alguns jogos praticados por indígenas brasileiros? Será que você já conhece algum deles? Acesse e descubra.
Disponível em: <http://chc.org.br/brincadeira-na-aldeia>. Acesso em: 19 jul. 2017.

UNIDADE 2
De olho nos fatos

1. Dos títulos a seguir, qual você acha que é de uma reportagem? Marque-o com um **X**.

O rato do campo e o rato da cidade

A Princesa e o Sapo do jeito que o Príncipe contou

Bolinho de couve-flor assado

Animais domésticos no Brasil são o dobro da população de crianças

- Conte aos colegas por que você marcou esse título e por que descartou os outros.

37

 **Antes de ler**

1. Pesquise reportagens em um jornal, uma revista ou na internet e escolha uma de seu interesse. Em seguida, escreva abaixo as informações sobre ela.

Título: _____
_____
_____

Autor: _____
_____

Data de publicação: _____

Nome do jornal, revista ou *site* pesquisado: _____
_____
_____

Resumo da reportagem: _____
_____
_____
_____
_____

Leitura 1

Pelo título, é possível saber do que a reportagem vai tratar?

Você sabe o que é um selo?

Você conhece alguém que faz algum tipo de coleção?

Leia a reportagem sozinho. Depois, acompanhe a leitura do professor.

www1.folha.uol.com.br/folhinha/2015/05/1629473-na-epoca-das-mensagens-de-celular-conheca-criancas

16/05/15 | Rebecca Vicente

Na era das mensagens de celular, crianças colecionam selos postais

Tem gente que coleciona moedas, figurinhas, pulseiras, bonecas… E há também os que juntam selos. Sabe o que é isso? São aquelas estampas que costumam ser coladas nos envelopes das cartas.

Mesmo que o mais comum hoje seja usar o *e-mail* ou mensagens de celular, ainda existem filatelistas – nome de quem faz esse tipo de coleção. E eles não são só adultos.

João Pedro […], 9, tem mais de 8.000 selos. "Ganhei a coleção do meu tio, com figuras desde o ano 1900", diz. O menino, que nunca enviou uma carta pelo correio, continuou juntando selos e chegou à quantidade atual em dois anos […].

Ele também participa de clubes de filatelia em Brasília, onde mora, para aprender a organizar sua coleção e a cuidar melhor dela. E, claro, conseguir cada vez mais e mais selos.

Era: época, tempo.
Filatelia: estudo, pesquisa dos selos empregados na postagem de diferentes países.

39

Figurinhas raras

Em um encontro de filatelistas (colecionadores de selos) em São Paulo, Milena [...], 12, buscava novas figuras para sua coleção.

Em meio aos adultos, ela ficou com uma dúvida. "Será que isso é coisa de criança? Não conheço ninguém da minha idade que goste de selos", disse ela, que tem 400 figuras.

Mas ela não estava sozinha. Os irmãos Arthur, 12, e Vinicius [...], 10, também apareceram no evento, que aconteceu no fim do ano passado. Eles buscavam mais selos para o álbum que mantêm juntos.

"Sou mais chegado nos que têm desenhos de esportes. Mas quero ver se encontro algum com o tema xadrez", conta Arthur.

Para José Luiz Fevereiro, presidente da Associação Brasileira de Comerciantes Filatélicos, uma criança coleciona selos pelos mesmos motivos que a levam a ter álbuns de figurinhas.

Os selos podem ser lançados sozinhos ou em conjunto, geralmente com um tema em comum (como animais ou a Olimpíada, por exemplo). Nesses casos, o objetivo pode ser conseguir todas as estampas daquela série.

"São figurinhas, mas algumas feitas há 160 anos. Quem não gostaria de ter uma?", brinca Fevereiro.

Selos brasileiros inspirados nas olimpíadas: homenagem aos cem anos do Comitê Olímpico Internacional (1994); aos Jogos Olímpicos do Rio de Janeiro (2016); à edição de Barcelona (1992); e à passagem de Londres (2012) para o Rio de Janeiro (2016).

Rebecca Vicente. *Folhapress*. Disponível em: <www1.folha.uol.com.br/folhinha/2015/05/1629473-na-epoca-das-mensagens-de-celular-conheca-criancas-que-colecionam-selos.shtml>. Acesso em: 28 set. 2017.

Estudo do texto

1. Leia.

16/05/15 | Rebecca Vicente

Na era das mensagens de celular, crianças colecionam selos postais

a) De acordo com o título:

☐ colecionar selos é comum entre as crianças.

☐ é raro crianças colecionarem selos nos dias atuais.

b) Para que serve a informação que está acima do título?

_____

_____

2. A jornalista conversou com algumas crianças.

a) Por que você acha que as falas dessas crianças fazem parte da reportagem?

_____

_____

b) Que sinais existem no texto para indicar essas falas?

_____

> **Reportagem** é um texto jornalístico que apresenta aos leitores um fato real. Em geral, traz opiniões, entrevistas, depoimentos de pessoas envolvidas com o fato ou de especialistas no assunto para dar maior credibilidade ao que está escrito.

3. Releia este trecho da reportagem.

> Mesmo que o mais comum hoje seja usar o *e-mail* ou mensagens de celular, ainda existem filatelistas – nome de quem faz esse tipo de coleção. E **eles** não são só adultos.

a) O trecho apresenta o significado de qual palavra?

b) Por que você acha que foi dada essa explicação?

c) A palavra destacada se refere a que outra palavra? Circule-a no texto.

4. Compare estes trechos da reportagem.

> Para José Luiz Fevereiro, presidente da Associação Brasileira de Comerciantes Filatélicos, uma criança coleciona selos pelos mesmos motivos que a levam a ter álbuns de figurinhas.

> "São figurinhas, mas algumas feitas há 160 anos. Quem não gostaria de ter uma?", brinca Fevereiro.

a) Em qual desses trechos a jornalista reproduz a fala do presidente da Associação? O que você observou para responder?

b) Por que você acha que a jornalista incluiu em seu texto uma explicação e um depoimento dados por Fevereiro?

5. No trecho:

> "**Sou mais chegado** nos que têm desenhos de esportes. Mas quero ver se encontro algum com o tema xadrez", conta Arthur.

a) Que expressões poderiam substituir a expressão destacada?

_____

b) Como sabemos que essa fala é de Arthur?

_____

_____

c) Ao ler apenas o trecho acima, sem conhecer a reportagem completa, uma pessoa saberia dizer do que Arthur está falando? Explique sua resposta.

_____

_____

A **linguagem formal** é mais empregada em jornais, revistas e livros. Ela é usada também na interação com pessoas com quem temos pouca intimidade.

A **linguagem informal** é mais usada na comunicação com pessoas com quem temos proximidade, como amigos e familiares, em bilhetes, recados, mensagens de celular etc.

d) A linguagem utilizada pela jornalista é formal ou informal?

_____

e) E a linguagem utilizada por Arthur?

_____

43

Para saber mais

Você ficou interessado em fazer uma coleção depois de ler a reportagem? Leia o texto a seguir.

 www1.folha.uol.com.br/folhinha/2015/05/1629482-conheca-os-selos-mais-valiosos-e-saiba-como-comecar

16/05/15

Conheça selos famosos e saiba como começar sua própria coleção

[...]

Eles surgiram na Inglaterra, em 1840. No Brasil, segundo país a emitir selos, os valiosos Olho de Boi apareceram em 1843. Com o tempo, ficaram coloridos e temáticos [...].

Primeiro selo postal do Brasil, chamado Olho de Boi.

Como começar sua coleção

Onde conseguir?
É possível comprar selos na internet, em clubes filatélicos, em feirinhas ou em agências dos Correios.

Quanto custam?
Depende. Nos Correios, há estampas que custam menos de R$ 1. O selo brasileiro mais caro, o Olho de Boi, pode chegar a R$ 50 mil.

Só vale selo novo?
Na coleção, pode tudo: selos carimbados (que já foram colados em alguma carta) ou figurinhas novas.

Onde guardar?
Há uma espécie de álbum específico para essa prática, conhecido como classificador. Ele possui espaços, como se fossem pequenos bolsos, para colocar cada figura.

Preciso de alguma ferramenta?
Dois itens são importantes: uma lupa, para conseguir enxergar os detalhes das estampas, e uma pinça, para evitar tocá-las e danificar suas imagens.

Folhapress. Disponível em: <www1.folha.uol.com.br/folhinha/2015/05/1629482-conheca-os-selos-mais-valiosos-e-saiba-como-comecar-sua-propria-colecao.shtml>. Acesso em: 28 set. 2017.

# Estudo da escrita

Acentuação de palavras monossílabas e oxítonas

1. Leia o trecho de um texto escrito por Daniel Munduruku, autor indígena.

Brincar para aprender

Assim a gente aprendia. Não precisava ninguém chamar a nossa atenção ou implorar que a gente ficasse quieto para poder falar. Não. Todos nós tínhamos que fazer um respeitoso silêncio quando algum adulto, especialmente se fosse já um avô ou avó, falava. Eles falavam e a gente ouvia.

E o mais interessante é que eles sempre diziam a mesma coisa: é preciso estarmos atentos aos sinais da natureza. Ela nos revela quem somos e qual o melhor caminho a seguir.

— Mas como "ouvir" esses sinais, meu avô? – perguntávamos sem receio.

— Vocês têm que brincar, meus netos. Vocês têm que brincar – respondia o velho, sorrindo.

[...]

Daniel Munduruku. *Catando piolhos, contando histórias*. São Paulo: Escarlate, 2014. p. 15.

a) A que regra de convivência familiar as crianças tinham de obedecer?

b) Por que o avô não explicava às crianças como ouvir os sinais da natureza?

45

2. Releia estes trechos e observe as palavras destacadas.

> [...] Todos **nós** tínhamos que fazer um respeitoso silêncio quando algum adulto, especialmente se fosse já um avô ou avó, falava. [...]

> [...] Ela **nos** revela quem somos e qual o melhor caminho a seguir.

a) Como as palavras destacadas se classificam quanto ao número de sílabas?

_____

b) Qual é a diferença entre essas palavras?

_____

c) Elas são pronunciadas com a mesma intensidade? Explique sua resposta.

_____

_____

3. Encontre no texto "Brincar para aprender" quatro palavras monossílabas que levam acento gráfico.

_____

> Levam acento gráfico (agudo ou circunflexo) os monossílabos terminados em **a**, **as**, **e**, **es**, **o**, **os**. Exemplos: p**á**, p**és**, m**ês**, p**ó**, n**ós**.

4. Leia e acentue graficamente as palavras monossílabas, quando necessário.

cha   vez   po   luz   le   so   gas   faz   flor   tres

46

5. Leia o poema.

[...]
Com M abro a mala cheia de
mapas e escolho um destino:
Manaus, Marajó, Maringá, Matão,
Miracema, Mongaguá, Mossoró, Monte Sião.
[...]

Marco Antônio Hailer. *Um mundo chamado alfabeto*. 2. ed.
São Paulo: Carochinha, 2014. p. 31.

a) Você conhece algum dos destinos ou lugares citados no poema?

b) Que nomes de lugares apontados no poema têm acento gráfico? Circule-os.

c) Leia e pinte a sílaba tônica das palavras que você circulou no poema. Essas palavras são:

☐ oxítonas.   ☐ paroxítonas.   ☐ proparoxítonas.

> As palavras oxítonas são acentuadas quando terminam em **a**, **as**, **e**, **es**, **o**, **os**, **em**, **ens**.
> Exemplos: Maring**á**, Goi**ás**, Orer**ê**, Or**ós**, Bel**ém**.

6. Leia as palavras e acentue as oxítonas, quando necessário.

maracuja	vovos	domino	cafe
tambem	malas	sorvete	cachorro
fregues	trem	ninguem	gamba
Maceio	alguem	Ceara	armazens
bambole	sofas	robos	picole

47

Leitura 2

Leia o título da reportagem publicada no *site* da revista *Galileu*. Observe também as imagens.

De que animal o texto vai tratar?

Esse animal se parece com algum outro que você conhece? Qual?

CIÊNCIA MEIO AMBIENTE

16/01/2017 - 10h01/ Por Redação Galileu

Dragão-marinho-vermelho é filmado pela primeira vez

Animal de espécie descoberta em 2015 foi encontrado na Austrália

🔊 OUÇA A REPORTAGEM

Pela primeira vez, imagens de um dragão-marinho-vermelho foram captadas em vídeo. O registro é visto como uma conquista para a ciência, já que a espécie só foi identificada em 2015 – até então, os animais eram confundidos com outros dois da mesma família, o dragão-marinho-comum e o dragão-marinho-folhado.

Dragão-marinho-vermelho.

Os cientistas do Instituto Scripps de Oceanografia, nos Estados Unidos, descobriram a nova espécie sem querer, ao fazer análises genéticas de espécimes de dragões-marinhos que foram mortos há mais de cem anos. Eles perceberam que alguns dos animais foram classificados como dragões-marinhos-folhados, apesar de serem vermelhos e não terem apêndices como os animais dessa espécie.

Foi só em 2016 que eles conseguiram ver o animal em ação. Um equipamento foi colocado nas águas em torno do arquipélago de Recherche, na Austrália, e chegou a atingir 50 metros de profundidade para, depois de dias de monitoramento, encontrar o dragão-marinho-vermelho. Com isso, os pesquisadores conseguiram captar um vídeo de 30 minutos da criatura em sua rotina.

A partir das imagens, foi possível observar alguns detalhes da nova espécie. O principal deles é o fato de, ao contrário dos dragões-marinhos-comuns ou folhados, os vermelhos não possuem apêndices – características parecidas com folhas utilizadas para camuflagem. Segundo os cientistas, é provável que eles os tenham perdido durante a evolução e que sua própria cor já funcione como camuflagem nas águas profundas onde vivem.

Veja o vídeo divulgado pelos cientistas.

> **Arquipélago:** conjunto de ilhas.
> **Camuflagem:** forma que alguns animais utilizam para se esconder dos predadores ou atacar suas presas.
> **Espécime:** qualquer indivíduo de uma espécie.

Editora Globo. *Galileu*. Disponível em: <http://revistagalileu.globo.com/Ciencia/noticia/2017/01/dragao-marinho-vermelho-e-filmado-pela-primeira-vez.html>. Acesso em: 8 ago. 2017.

Estudo do texto

1. Responda:

   a) Onde a reportagem foi publicada?
   _____

   b) Em que dia e hora a reportagem foi publicada?
   _____

   c) Quem escreveu a reportagem?
   _____

   d) Qual é o assunto da reportagem?
   _____

   e) Por que um fato como esse foi relatado em uma reportagem?
   _____
   _____

2. Complete o quadro com informações sobre o animal.

   nome: _____

   onde vive: _____

   características: _____

3. Responda às questões de acordo com a reportagem.

   a) Quando o dragão-marinho-vermelho foi descoberto?
   _____

b) Quem são os responsáveis por essa descoberta?

_____

_____

c) Quando o dragão-marinho-vermelho foi filmado pela primeira vez?

_____

d) Onde isso aconteceu?

_____

e) Que outros animais da mesma família do dragão--marinho-vermelho são citados na reportagem?

_____

f) Que diferença existe entre o dragão-marinho--vermelho e os outros animais da mesma família?

_____

4. O registro de imagens do dragão-marinho-vermelho em vídeo é considerado uma conquista para a ciência porque:

☐ os cientistas descobriram a espécie sem querer.

☐ antes os animais eram confundidos com outros da mesma família.

☐ a espécie foi identificada em 2015.

5. Que recursos a revista digital oferece que não estão disponíveis em uma revista impressa?

_____

_____

51

6. Releia este trecho da reportagem.

> Foi só em 2016 que eles conseguiram ver o animal em ação. Um equipamento foi colocado nas águas em torno do arquipélago de Recherche, na Austrália, e chegou a atingir 50 metros de profundidade para, depois de dias de monitoramento, encontrar o dragão-marinho-vermelho. Com isso, os pesquisadores conseguiram captar um vídeo de 30 minutos da criatura em sua rotina.

a) Que palavras foram usadas para se referir ao dragão-marinho-vermelho?

_____

b) Por que você acha que essas palavras foram usadas?

_____

_____

_____

O que aprendemos sobre...

Reportagem

- Reportagem é um texto que trata de um fato atual e de interesse do leitor. Costuma ser publicada em jornais e revistas, impressos ou *on-line*.

- Para escrever uma reportagem, o autor pode recorrer a depoimentos e entrevistas de pessoas que vivenciaram a situação e apresentar pontos de vista dele próprio ou de especialistas no assunto.

- Muitas reportagens são acompanhadas de imagens, que ilustram ou ampliam as informações sobre o fato.

Estudo da escrita

Palavras com G e GU

1. Leia o poema.

Guindado no
Gancho do
Guindaste,
Galo
Garnisé com
Gentileza
Ganhou a
Girafa que
Gostava de
Guaraná.

Nani. *Abecedário hilário*. Belo Horizonte: Abacatte, 2009. p. 17.

a) Observe a primeira letra de cada verso. Qual é ela?

_____

_____

b) Copie o nome dos animais do poema.

_____   _____

c) Leia em voz alta os nomes que você escreveu. O som da letra **g** é igual ou diferente nessas palavras?

_____

53

d) Copie no quadro outras palavras do poema que tenham as características indicadas.

Letra g com som como em galo	Letra g com som como em girafa

e) Circule as letras que aparecem logo depois do **g** nessas palavras.

f) Pesquise outras palavras com **g** em jornais e revistas e copie-as no quadro.

Letra g com som /g/	Letra g com som /j/

> A letra **g** tem o som de **g** quando vem seguida de **a**, **o** ou **u**. E tem som de **j** quando vem seguida de **e** ou **i**.

2. Copie do poema as palavras que têm o grupo **gu**.

_____ _____

a) Que letra aparece logo depois do grupo **gu** nessas palavras?

_____

b) Copie três palavras do texto que tenham a letra **g** com o mesmo som do grupo **gu**.

_____

3. Leia em voz alta o nome dos animais.

gavião – **go**rila – can**gu**ru

guepardo – en**gui**a

geneta – **gi**bão

a) Pinte os grupos de palavras de acordo com a legenda.

🟩 som de **g**   🟧 som de **j**

b) Responda:

- Que vogais aparecem depois do **g** no primeiro quadro?
- Que vogais aparecem depois do grupo **gu**?
- Que vogais aparecem depois do **g** no último quadro?

c) De que modo podemos representar o som /**g**/ quando a sílaba termina em **e** ou em **i**?

_____

d) E quando a sílaba termina em **a**, **o** ou **u**?

_____

e) A letra **g** e o grupo **gu** representam o mesmo som quando:

- [ ] a letra **g** vem antes das vogais **e** e **i**.
- [ ] a letra **g** vem antes das vogais **a**, **o** e **u**.
- [ ] o grupo **gu** vem antes das vogais **a** e **o**.
- [ ] o grupo **gu** vem antes das vogais **e** e **i**.

4. Nomeie as figuras.

_____   _____   _____

  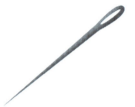

_____   _____   _____

_____   _____   _____

_____   _____   _____

5. Escolha quatro palavras da atividade 4 e forme frases com elas.

_____

_____

_____

Jogo de palavras

1. Complete o diagrama com o nome dos animais.

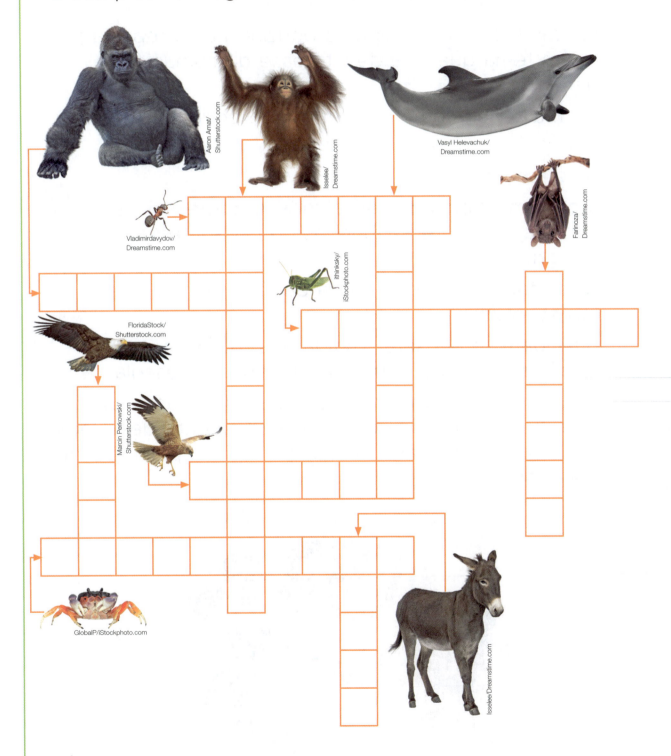

• Circule no diagrama as sílabas em que aparece a letra **g**.

Apresentação de reportagem

Que tal você e os colegas produzirem uma reportagem sobre um tema que seja de interesse da comunidade escolar?

Leiam a seguir como essa atividade pode ser realizada.

Planejamento

1. Formem grupos de seis alunos. O professor vai orientá-los sobre as funções de cada integrante do grupo.
2. Discutam qual será o tema da reportagem a ser apresentada.
3. Decidam se ela será dirigida aos alunos, aos professores ou a outros funcionários da escola.
4. Definam como a reportagem será divulgada: *on-line*, por meio de um *site* de compartilhamento de vídeos ou ao vivo, apresentada em tempo real ao público a que se destina.

Produção

Todos os integrantes do grupo deverão contribuir com a pesquisa sobre o tema escolhido.

O professor indicará jornais, revistas, livros e *sites* para pesquisa, de acordo com o tema de cada grupo.

Além de informações sobre o tema, recolham também depoimentos, fotografias e conversas com especialistas para compor a reportagem.

O professor vai orientar como vocês podem organizar as informações recolhidas.

Um integrante do grupo poderá escrever a reportagem em folhas de papel, com letras grandes, para que o apresentador leia com facilidade.

Apresentação

1. O apresentador deve pronunciar as palavras claramente, olhar para a frente e dar a entonação de acordo com a emoção que quer transmitir aos ouvintes.

2. Todo o grupo deverá ajudar o apresentador a ensaiar, dando dicas quanto à entonação e dicção.

3. Durante a gravação, se o apresentador cometer algum erro, pode-se gravar de novo e, depois, editar o vídeo.

Reportagem

Agora a reportagem que seu grupo apresentou será publicada em uma revista.

Planejamento e escrita

1. Revejam as informações pesquisadas e o que foi escrito e dito sobre o tema.
2. Organizem o conteúdo para formar o texto da reportagem.
3. Pensem em um título.

Avaliação e revisão

Troque a reportagem de seu grupo com a de outros grupos.

Façam sugestões para melhorar os textos lidos.

Mostrem o texto ao professor. Ele poderá sugerir cortes, acréscimos e correções.

Reescrita

Passem o texto a limpo, considerando as sugestões do professor e dos colegas.

Se possível, ilustrem a reportagem com fotografias.

Ajudem o professor a organizar a revista.

Socialização

A revista poderá ficar disponível na biblioteca para que outras turmas leiam as reportagens.

 **Outra leitura**

Você leu uma reportagem sobre diferentes coleções que as crianças fazem. O que você imagina ser um "colecionador de manhãs"?

A história a seguir acontece em uma manhã de domingo chuvosa. O personagem foi procurar um guarda-chuva na cômoda, feita pelo bisavô há muitos anos. Dentro da cômoda, ele descobriu uma caixa. O que será que havia dentro dela? Leia um trecho do conto.

O colecionador de manhás

[...]

A caixa tinha o mesmo desenho da cômoda, portanto foi fácil perceber que também tinha sido feita pelo meu bisavô. Devagar, comecei a abri-la.

Ela estava completamente cheia. Havia cartões-postais e fotografias de lugares das mais variadas regiões do mundo. Tudo assinado, datado e comentado pelo meu pai.

Fiquei emocionado. Por um instante meus olhos ficaram úmidos como o vidro da janela.

Eu não conheci meu pai. Ele era capitão da marinha mercante e, meses antes de eu nascer, ele teve de partir para uma viagem da qual nunca mais voltou. Sim, ele era marinheiro, mas eu nunca pudera ouvir suas histórias de mares distantes, de portos que ficavam no outro lado do mundo, no Japão, na Malásia.

Mas agora, revirando sua correspondência, eu o sentia perto de mim como nunca antes sentira na vida. E descobria que meu pai colecionava o que há de mais bonito na natureza: meu pai colecionava manhãs. Em todas as fotos ou cartões-postais, o Sol estava nascendo e abençoando o mundo com sua luz. Meu pai, o colecionador de manhãs.

"Aqui as pessoas são tranquilas e se movem sem pressa", escreveu ele sobre a Índia. Em outro cartão-postal ele escreveu: "O tempo em Macau, na China, passa com uma imensa preguiça". E em outro "Portugal! O azul deste céu não se vê em nenhuma outra parte do mundo. Aqui, no porto, sente-se o cantar do vento, para sempre nos chamando para navegar".

"Bagdá, a 'Joia do Oriente', ferve com seus mercados barulhentos. Na terra das Mil e Uma Noites, o mistério das mulheres cobertas dos pés à cabeça parece guardado por pelo menos mais mil anos."

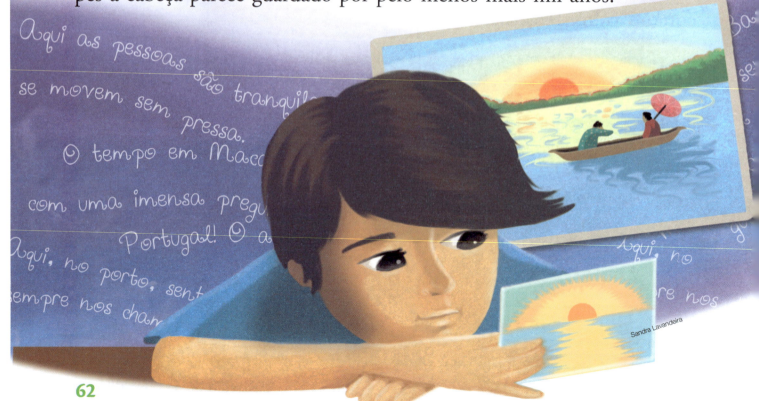

62

O último cartão-postal estava datado de 16 de abril de 1970, o dia em que nasci. Mostrava uma praia na África do Sul e seu encontro com um rio, salpicado de ouro. A essa altura, lá fora, a chuva havia cessado e a luz que entrava pela janela encontrava aquela outra luz para sempre impressa no papel.

Não sei bem quanto tempo fiquei olhando as fotografias. Cuidadosamente, voltei a guardá-las na caixa e a coloquei em seu esconderijo. Tive certeza de que aquela cômoda sempre faria parte da nossa família e, com ela, seu segredo. No futuro, em um dia de chuva, meu filho ou meu neto, um sobrinho, quem sabe? Algum deles haveria de, como eu, procurar um guarda-chuva e esbarrar naquele tesouro, e todo tesouro pede um esconderijo. Só assim ele poderia sentir a emoção da descoberta, essa emoção tão preciosa que eu havia acabado de experimentar.

[...]

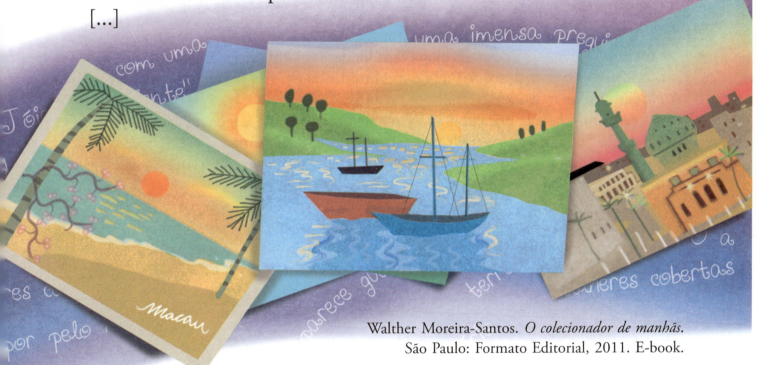

Walther Moreira-Santos. *O colecionador de manhãs*. São Paulo: Formato Editorial, 2011. E-book.

- Em sua opinião, esse colecionador de manhãs se parece com os colecionadores da reportagem que você leu?
- Se você também já descobriu algo que estava guardado há muito tempo, conte aos colegas como foi essa experiência.
- Que tal deixar um tesouro escondido em algum lugar de sua casa para que um dia alguém o encontre?

Retomada

1. Leia a reportagem a seguir e responda às questões oralmente. Depois crie um título para ela.

O objeto foi achado na África do Sul, tem mais de 120 milhões de anos e pertence a uma das espécies de dinossauros mais ferozes e importantes da história

Por Giovanna Fontenelle
21 fev 2017, 15h04 - Publicado em 20 fev. 2017, 18h35

Que crianças tendem a ter uma imaginação extraordinária todos nós sabemos. Talvez seja por isso que a família de Benjamin Ingel demorou quase um ano para descobrir que o menino tinha em sua posse um dente de dinossauro de mais de 120 milhões de anos.

Benjamin estava brincando na areia de uma praia da Lagoa de Knysna, na África do Sul, olhando as pedrinhas como crianças costumam fazer (e vários adultos também!), quando encontrou uma rocha um tanto diferente – e fez história.

[...]

O contorno da figura realmente se assemelhava a um dente. A mãe do garoto, desacreditada, concluiu que o objeto deveria ser apenas um pedaço de plástico incomum, devido ao aspecto oleoso exterior.

[...] Seu "pedaço de plástico" revelou-se como sendo a presa de um Alossauro, um dos maiores dinossauros carnívoros do período Jurássico tardio.

[...]

Disponível em: <http://viagemeturismo.abril.com.br/blog/viagem-no-tempo/menino-treze-anos-dente-de-dinossauro-praia-africa-do-sul-alossauro/>. Acesso em: 8 ago. 2017.

a) O que foi encontrado?
b) Quem encontrou?
c) Onde isso aconteceu?

2. Leia as frases e use o acento gráfico (agudo ou circunflexo) quando for necessário.

   a) De um abraço de urso em uma pessoa querida.

   b) As crianças foram mas, mas agora aprenderam a lição.

   c) Nos não nos encontramos porque estava chovendo.

   d) Ana deu um no no laço de fita.

   e) A professora da nossa turma também da aulas no 2º ano.

3. Leia o texto e complete o verso com a palavra que está faltando.

[...]
As palavras _____
que findam em **ens** ou **em**
recebem acento gráfico
(ref**éns**, por**ém**, armaz**ém**...);
com final em a(s), e(s), o(s)
levam acento também.

Janduhi Dantas Nóbrega. *A gramática no cordel*.
João Pessoa: Sal da Terra, 2005. p. 30.

   a) Troque a palavra "findam" por outra de mesmo sentido.

   _____

   b) Pesquise em jornais e revistas outros exemplos de palavras oxítonas acentuadas e copie-os.

   _____

   _____

Periscópio

📖 Para ler

Malala, a menina que queria ir para a escola, de Adriana Carranca. São Paulo: Companhia das Letrinhas, 2014.
A jornalista Adriana Carranca foi a campo para descobrir como era a vida de Malala e narrar ao público infantil a trajetória da menina paquistanesa que se tornou a personalidade mais jovem a receber o Prêmio Nobel da Paz por lutar pelo direito à educação de meninas.

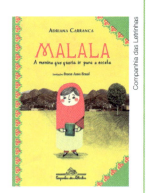

Procura-se Lobo, de Ana Maria Machado. São Paulo: Ática, 2010.
Manuel Lobo procurava emprego... Encontrou um anúncio, e foi aí que a história começou. Nesse livro você vai ver lobos de todos os tipos – espertos, malvados, alguns mais bobinhos – e conhecer diferentes momentos históricos e sociais através das histórias de lobos.

▶ Para acessar

Jornal de Boas Notícias: jornal virtual que contém uma seleção de artigos positivos, inspiradores, leves e construtivos. Traz boas notícias de todas as áreas e de todos os lugares.
Disponível em: <http://jornaldeboasnoticias.com.br/tag/criancas>. Acesso em: 13 nov. 2017.

UNIDADE 3
Perguntas e respostas para conhecer pessoas

1. Observe as imagens. O que estas pessoas estão fazendo? Que pergunta você faria a elas? Escreva nos balões.

O ator Daniel Radcliffe é entrevistado em Nova York, Estados Unidos, 2016.

A ginasta Daiane dos Santos em entrevista a uma rádio em São Paulo, 2016.

67

1. Leia os textos a seguir.

Texto 1

Entrevista: Malala Yousafzai

11/04/2017

Aos 19 anos, a paquistanesa ganhadora do Prêmio Nobel acaba de tornar-se a mais jovem Mensageira da Paz da ONU. Nomeada pelo secretário-geral António Guterres, sua função será chamar a atenção do mundo para um problema que afeta milhões de meninas: a falta de acesso à educação. Segundo a Unesco, 16 milhões de meninas nunca terão a chance de frequentar a sala de aula.

Guterres vê Malala como "um símbolo da educação para todos, uma inspiração global e campeã da educação para meninas". Após a nomeação, na segunda-feira, em Nova York, Malala Yousafzai concedeu entrevista à ONU News. [...]

Malala Yousafzai e António Guterres na cerimônia em que ela foi nomeada Mensageira da Paz da ONU, em Nova York, Estados Unidos, 2017.

ONU News: Malala, muito obrigada por falar com a ONU News, e parabéns pela nomeação. Mensageira da Paz da ONU é um título que impressiona. Como você se vê neste papel?

Malala Yousafzai: Estou honrada com a nomeação e para mim significa mais responsabilidade com algo que eu já tinha, que é parte da defesa da educação para meninas: aumentar a conscientização, pedir aos líderes mundiais para investirem mais em educação. E vou continuar fazendo isso, mas como Mensageira da Paz da ONU, terei ainda mais força e vou me manter mais forte, além de ter uma plataforma maior para espalhar minha mensagem.

[...]

Entrevista concedida a Dianne Penn. Trad. Leda Letra.
Disponível em: <www.unmultimedia.org/radio/portuguese/2017/04/entrevista-malala-yousafzai/#.WXOkt4grJPY>. Acesso em: 22 jul. 2017.

Texto 2

– Lá em cima da montanha tem um anãozinho?

– Tem.

– De que cor é a roupinha dele?

– Verde.

– Você tem essa corzinha?

(Se a criança apontada por último tiver a cor escolhida, cai fora. Se não, é o pegador.)

Maria José Nóbrega e Rosane Pamplona. *Salada, saladinha: parlendas.* São Paulo: Moderna, 2005. p. 12. (Coleção Na panela do mingau).

Texto 3

[...]

– Por que toda vez que a gente corre no corredor você chama a atenção da gente, tia Jassira?

– Porque não pode correr na escola, Malu.

– Por quê?

– Porque não. São as regras da escola.

– Então por que vocês não mudam o nome do corredor?

– Como assim?

– Ué, se a gente não corre, a gente anda. E se a gente anda, não devia se chamar corredor, devia ser andador.

[...]

Thalita Rebouças. *Fala sério, professor!* Rio de Janeiro: Rocco Digital, 2012. E-book.

2. Leia as frases e numere-as fazendo a relação com o texto que cada uma descreve.

☐ Pode fazer parte de uma brincadeira.

☐ É um trecho de uma conversa informal.

☐ É trecho de uma conversa entre uma jornalista e uma pessoa conhecida.

Você sabe o que é uma entrevista? Já assistiu a alguma? Comente com os colegas.

Leia a entrevista a seguir.

Vida de índio

Kleykeniho Fulni-ô tem 32 anos e faz parte do povo indígena fulni-ô, uma tribo que vive em Águas Belas, Pernambuco. Sua principal missão de vida é mostrar aos homens brancos a importância e a riqueza da cultura indígena. Confira a entrevista que ele deu ao *Joca*.

O seu nome tem algum significado?

Na aldeia, todos os índios têm o seu nome indígena e o nome da aldeia, que é como se fosse um sobrenome. Meu nome é Kleykeniho Fulni-ô. Kleykeniho significa "filho da onça" na minha língua, o iatê. Fulni-ô é minha tribo.

Como é a aldeia onde você vive?

Atualmente, há entre 7.500 e 8 mil índios. Nós temos duas aldeias: a ouricuri, que é um lugar religioso, onde nós ficamos de setembro a novembro e ao qual só os índios fulni-ô têm acesso; e a outra, no povoado, onde passamos os outros nove meses do ano e o homem branco pode entrar. Nesta aldeia nós trabalhamos, estudamos e vivenciamos nossa cultura.

[...]

O que os índios podem ensinar, por exemplo?

Por mais que o índio tenha contato com o branco hoje, tenha acesso à tecnologia, aos meios de transporte, ele ainda tem a sua cultura. Nós saímos da aldeia mostrando como é possível ter mais respeito pela natureza, cuidar da água e ensinando como extraímos matéria-prima, como a palha. Nós também temos um grande conhecimento de ervas medicinais, que usamos em nosso dia a dia. Explicamos sobre as ervas medicinais do sertão. Muitas pessoas acham que lá não há ervas medicinais, mas isso não é verdade. [...]

Como os costumes são aplicados no dia a dia?

Nós vivenciamos o máximo que podemos de nossa cultura no cotidiano. Fazemos nossos cantos em casa ou em grupo, cantamos para agradecer a chuva que caiu do céu, falamos nossa língua materna, fazemos nossos artesanatos, como o arco e flecha, o cocar e o bodoque, que é um arco que atira pedras, entre outras práticas. O pai tem a obrigação de ensinar tudo o que sabe ao filho, e a mãe tem a obrigação de ensinar tudo o que sabe à filha. O pai ensina técnicas de caça, pesca, ervas medicinais, língua materna, costumes religiosos e outros. Já a mãe ensina a língua materna, ervas medicinas, artesanato e muito mais.

[...]

Você faz muitos trabalhos em escolas. O que os alunos podem esperar desses encontros?

É muito importante ir às escolas para mostrar ao branco brasileiro como é a cultura indígena, que muitas vezes não está no seu dia a dia. Há uma lei brasileira que obriga todas as escolas a vivenciar a cultura indígena. Como muitos professores não têm muitos conhecimentos sobre a tradição indígena, os próprios índios atuam como professores, levando a cultura para alunos de todo o país.

Kleykeniho Fulni-ô durante visita a colégio em São Paulo, 2017.

Joca, São Paulo, ed. 93, p. 12, abr. 2017.

Estudo do texto

1. Responda às questões.

   a) Quem é o entrevistado?

   _____

   b) Por que essa pessoa foi escolhida para ser entrevistada?

   _____

   _____

   c) Qual é o assunto principal da entrevista?

   _____

   _____

   d) Onde e quando a entrevista foi publicada?

   _____

   e) Quem fez a entrevista?

   _____

   f) Como as perguntas do entrevistador estão diferenciadas graficamente das respostas do entrevistado?

   _____

   _____

> Nas **entrevistas**, o entrevistador faz perguntas ao entrevistado para coletar declarações, informações e opiniões sobre determinado assunto.
>
> As perguntas e respostas são destacadas para diferenciar as falas do entrevistador e do entrevistado.

2. Volte à entrevista e releia a introdução, que está logo abaixo do título.

a) Que informações são apresentadas na introdução?

_____

_____

b) O que você acha que o entrevistador precisou fazer para escrever esse texto introdutório?

_____

_____

3. Os fatos relatados pelo entrevistado são reais ou inventados?

_____

4. Observe a fotografia que acompanha a entrevista. Você acha que ela é importante? Por quê?

_____

_____

5. Converse com o professor e os colegas sobre as questões a seguir.

a) O que os indígenas do povo fulni-ô ensinam às pessoas na região onde vivem?

b) Como esses indígenas preservam sua cultura?

> A **introdução** fornece informações sobre o entrevistado e também costuma conter o tema que será abordado na entrevista.

Os povos indígenas

- Em sua opinião, o que é ser indígena?
- Você acha que todos os povos indígenas vivem do mesmo modo?

Leia o texto a seguir e descubra um pouco mais sobre os povos indígenas.

https://mirim.org/o-que-e-ser-indio

O que é ser índio?

Dança indígena com bastão (ritual dabucuri – Oferenda das frutas). Tribo Barasano, Aldeia Rouxinol. Igarapé Tarumã-Açu, Manaus (AM), 2014.

Antes de tudo, é índio quem se identifica com uma comunidade indígena e é visto por ela como um membro.
Entendemos como comunidade indígena um conjunto de pessoas que:
- mantêm relações de parentesco ou vizinhança entre si;
- são descendentes dos povos que habitavam o continente antes da chegada dos europeus;
- apresentam modos de vida que são transformações das antigas formas de viver das populações originárias das Américas.

Os índios são todos iguais?

Algumas vezes nos referimos aos povos indígenas genericamente como índios, porque quando falamos índios, estamos nos referindo a grupos que se reconhecem como semelhantes em alguns contextos.

Apesar das semelhanças que podemos notar entre vários povos indígenas, quando eles se comparam entre si reconhecem suas diferenças, pois prestam atenção nas particularidades de cada grupo.

Cada povo indígena possui tradições culturais próprias, isto é, tem uma história particular, além de possuir práticas e conhecimentos únicos.

[...]

É a mesma situação dos franceses e ingleses, por exemplo, que recebem o nome comum de europeus, por oposição aos africanos, aos sul-americanos e outros, ainda que apresentem diferenças entre si, falem línguas diferentes, tenham festas, costumes e hábitos distintos.

É por isso que não podemos dizer que existe uma única "cultura indígena": cada comunidade tem seu modo de ser.

Existem, portanto, muitas culturas indígenas!

PIBMirim. Disponível em: <https://mirim.org/o-que-e-ser-indio>.
Acesso em: 25 jul. 2017.

1. Em pequenos grupos, pesquisem uma tradição cultural de um povo indígena que vive no Brasil. Vejam a seguir as sugestões de *sites* que vocês podem consultar:
   - <https://pib.socioambiental.org/pt>;
   - <www.indioeduca.org>;
   - <https://mirim.org>;
   - <www.museudoindio.org.br>.

2. Depois preparem um roteiro, isto é, uma lista com os tópicos mais importantes que serão apresentados na exposição oral organizada pelo professor. Complementem o trabalho com imagens do povo pesquisado para mostrar à turma.

Estudo da escrita

Palavras com C e QU

1. Leia o texto a seguir.

[...]

A maioria das populações indígenas se alimenta de carne de caça, pesca, raízes (como mandioca, cará, batata-doce, inhame), frutas (como açaí, bacuri, taperebá, bacaba, cupuaçu), milho, melancia, jerimum, amendoim, mamão, fava e feijão.

Mandioca.

A mandioca e o milho são alimentos muito importantes para as comunidades indígenas e não indígenas. A mandioca para ser preparada exige uma técnica complicada, que leva muito tempo e requer instrumentos adequados. Os índios conhecem muitas espécies de mandioca. A mandioca, que também conhecemos como macaxeira ou aipim, é comestível [...] é possível fazer bebidas e beijus, angus, moquecas, paçocas, molhos, bolos, bolinhos, biscoitos, broas, farofas, geleias, mingaus, pudins, purês, roscas, sequilhos...

[...]

Daniel Munduruku. *Coisas de índio: versão infantil.* São Paulo: Callis, 2005. p. 16.

a) Qual é o assunto do texto?

b) Quais dos alimentos citados no texto você já comeu?

2. Copie palavras do texto para completar o quadro.

Nomes de alimentos	
escritos com a letra c	_____ _____ _____ _____ _____ _____ _____
escritos com qu	_____ _____

a) Em quais palavras do quadro a letra **c** representa o som de **k**? Circule-as de **verde**.

b) Em quais palavras a letra **c** não tem som de **k**? Copie-as.

_____

c) Qual é o som da letra **c** nas palavras que você copiou?

_____

> Antes de consoantes e das vogais **a**, **o** e **u**, a letra **c** tem som de **k**.
>
> Antes das vogais **e** e **i**, a letra **c** tem som de **s**.
>
> Para manter o som de **k** antes das vogais **e** e **i**, usa-se **qu**.

Leitura 2

Leia uma entrevista feita com um instrumentista pela equipe do *site* Divertudo.

www.divertudo.com.br/entrevistas/entrevista25.html

Entrevista com Décio Gioielli

Músico e autor do livro-CD "A *mbira* da beira do rio Zambeze". Lá na África existem instrumentos musicais fascinantes e diferentes. Um músico brasileiro, chamado Décio, ficou encantado pela *kalimba* e foi para lá aprender tudo sobre ela. Ele voltou cheio de histórias para contar. E uma delas virou um lindo livro infantil.

Mapa-múndi – África – 2016

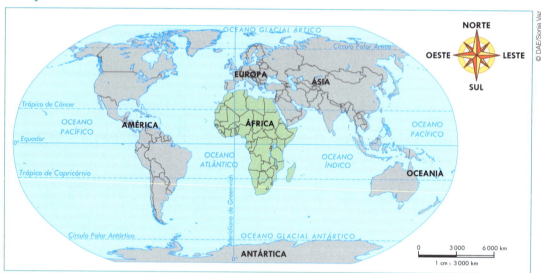

Fonte: *Atlas geográfico escolar*. 7. ed. Rio de Janeiro: IBGE, 2016. p. 34.

[...]

Por que você escreveu um livro ("A *mbira* da beira do rio Zambeze") sobre a cultura africana? Como essa história começou?

Tudo começou por causa da música. E minha pesquisa por um instrumento musical que se chama "kalimba". Ele vem da África. Fui seis vezes para lá por causa desse meu interesse. Lá eu aprendi muitas coisas e conheci muitos lugares. E me contaram as histórias que estão no livro.

Como aconteceu isso?

Bom, primeiro eu pesquisei muito por aqui, em bibliotecas etc. Queria saber mais para conseguir compor melodias para a *kalimba*. Então entrei em contato com um fabricante do instrumento, que fica na África. Aí me convidaram para ir lá, tocar minhas músicas num evento especial. Aluguei meus instrumentos e consegui pagar a passagem.

Como foi esta viagem para lá?

Foi ótima. Então fui mais cinco vezes, visitando vários países e aprendendo cada vez mais sobre os instrumentos africanos. E ouvindo histórias do folclore de lá.

Pode contar uma história pra gente?

Claro. Tem a história do "Mondoro". É um espírito protetor que surge em forma de leão. Ele bebe a água do rio e depois a transforma em chuva.

Uma vez, toquei essa música do Mondoro numa apresentação para crianças [...]. Daí começou a chover. Foi impressionante. As crianças adoraram.

Você tem CDs gravados?

Tenho, sim. O primeiro foi o "Kalimba", em 2000, com minhas composições. Depois veio o "Meu Neném", em 2003.

Um CD para bebês? Como foi isso?

É que o Paulo Tatit, do grupo Palavra Cantada, viu um *show* meu e me convidou para tocar neste CD, que é para crianças. Depois disso, em 2010 fiz também o "MPBaby", tocando músicas do Caetano Veloso.

E o livro? Como aconteceu?

Eu participei de uma exposição de objetos africanos, no CCBB (Centro Cultural Banco do Brasil). Fui tocar a *kalimba* lá e também contei uma história. Aí a escritora Heloísa Pires ouviu e me convidou para escrever o livro infantil.

Que história foi essa?

"O leão e o atalho." [...] E tem também uma história criada por mim: "O sonho de Chaka".

O livro vem com um CD?

Sim. Neste CD tem cinco músicas. E tem a narração da história "O leão e o atalho". É bom porque a criança pode acompanhar com a leitura.

Quando você começou a se interessar por música?

Eu sempre fui uma pessoa curiosa, mas principalmente em relação aos sons. Quando eu tinha uns 12, 13 anos, minha turma se reunia para fazer música. Mas a gente não tinha nenhum instrumento (rs). Então o jeito era improvisar com caixa de sapato, garrafas com água, balde... Uma coisa que hoje muita gente faz, mas naquele tempo não era comum.

Então você já tocava percussão desde cedo.

Pois é... naquela época eu nem imaginava o que era percussão... Explicação:

Os instrumentos de percussão são aqueles que fazem som com o impacto, raspagem ou agitação.

"Percussionista" é o músico que toca estes instrumentos, ou algum deles.

O que quer dizer "*kalimba*"?

Na língua "banto", "ka" é pequeno, e "limba" é som. Então, podemos dizer que significa "sonzinho". Este instrumento tem um som muito doce, suave.

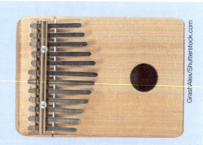
Kalimba

Como é uma *kalimba*?

É uma caixinha de madeira com algumas lâminas (linguetas) de metal. São elas que fazem o som, quando as tocamos com os polegares. A *kalimba* é da família dos "lamelofones" (instrumentos que têm lâminas). E a família dos lamelofones é muito grande lá na África. Tem também a "mbira", que aparece no título do meu livro infantil: "A *mbira* da beira do rio Zambeze".

Mbira

Como foi que você descobriu a *kalimba*?

A primeira que eu tive, comprei de uma mulher que fazia objetos de madeira. Não era um instrumento profissional, mas já adorei o som, ficava tocando direto. Passei muitos anos brincando com ela. Você toca qualquer tecla e já parece uma música. Se você ficar tocando, tudo vai soar bem.

Mais tarde eu vi uma *kalimba* profissional, daí não sosseguei até ter uma igual àquela. Hoje tenho mais de 15, nem sei.

[...]

Como você começou sua carreira?

Com 14 anos fui aprender violão. Depois entrei para um coral, o coral do Museu Lasar Segall. Eu era muito desafinado e não decorava nada. Mas o bom é que o professor que regia este coral me ensinou muitas coisas. Tive aulas de música com ele. Também aprendi muito nos festivais de inverno de Campos de Jordão, como bolsista de percussão. Depois fui para Cuiabá, tocar na orquestra de lá.

Foi meu primeiro trabalho profissional.

Você tem um bom ouvido para música?

Eu não tinha, não. (rs) Esta conversa de dom não funcionou comigo. Eu tive que estudar muito. Eu tentava tirar músicas conhecidas de ouvido, mas não conseguia. Daí eu mesmo fui compor as minhas (rs).

O que você recomenda para quem quer estudar música?

Estudar música é algo muito prazeroso e cada um tem o seu tempo, o seu talento. Então não fique se comparando com os outros. Pratique, vá em frente.

Divertudo. Disponível em: <www.divertudo.com.br/entrevistas/entrevista25.html>.
Acesso em: 25 jul. 2017.

⭐ SOBRE O ENTREVISTADO

Décio Gioielli é instrumentista, pesquisador e compositor. Viajou seis vezes ao continente africano para estudar a música tradicional africana e especializou-se em instrumentos como *kalimba* e *mbira*.

Estudo do texto

1. Responda:

a) Quem é o entrevistado?

_____

b) Por que essa pessoa foi convidada para dar uma entrevista?

_____

_____

c) Que informações sobre o entrevistado aparecem na introdução?

_____

_____

2. Releia este trecho da entrevista.

> Tudo começou por causa da música. E minha pesquisa por um instrumento musical que se chama "kalimba". **Ele** vem da África. Fui seis vezes para **lá** por causa desse meu interesse. **Lá** eu aprendi muitas coisas e conheci muitos lugares. E **me** contaram as histórias que estão no livro.

Observe as palavras destacadas nesse trecho. A que ou a quem elas se referem?

a) Ele: _____.

b) Lá: _____.

c) Me: _____.

3. Releia outro trecho da entrevista.

> Eu não tinha, não. (rs) Esta conversa de dom não funcionou comigo. Eu tive que estudar muito. Eu tentava tirar músicas conhecidas de ouvido, mas não conseguia. Daí eu mesmo fui compor as minhas (rs).

a) O que indica que a entrevista foi feita oralmente e depois registrada por escrito?

___

b) Você sabe o que significa **(rs)**?

___

c) O **(rs)** indica que a conversa com o entrevistado foi:

☐ formal, séria.   ☐ informal, descontraída.

4. O que você ficou sabendo da *kalimba* ao ler a entrevista?

 O que aprendemos sobre...

Entrevista

- Entrevista é uma conversa com perguntas e respostas para conhecer uma pessoa e suas experiências e também para obter informações, declarações, opiniões sobre determinado assunto.

- Em geral, as entrevistas têm introdução, perguntas do entrevistador e respostas do entrevistado.

- Na introdução são apresentadas informações sobre o entrevistado e o tema da entrevista.

Outra leitura

Leia a história "O leão e o atalho", citada na entrevista de Décio Gioielli.

O leão e o atalho

Chaka gosta de contar histórias que um dia gostou de escutar. Como esta "O leão e o atalho".

Há muito tempo, havia um casal que morava no campo. Um certo dia, pela manhã, a mulher disse:

– Eu quero visitar a minha mãe.

– Outra vez? – ele perguntou.

– É muito importante – ela falou.

– Tudo bem, mas cuidado! Não vá pelo caminho que passa pelo vale. É o mais curto, mas pode ter leões por lá. É melhor ir pelo caminho que todos usam.

– Não se preocupe, eu conheço todos os caminhos – ela respondeu.

E lá se foi a mulher.

Passando algum tempo, o marido começou a ficar preocupado e pensou: "Acho que minha mulher não prestou atenção no que eu disse, é melhor eu ir atrás dela".

Ele, então, pegou sua *mbira*, como era de costume, e foi.

No chão, ele viu as pegadas de sua mulher indo pelo caminho perigoso.

O homem começou a correr, correr, correr, até que avistou a sua mulher. Ela estava paralisada em frente de um grande leão, que parecia muito faminto.

O homem pensou: "E agora, o que eu vou fazer? A única coisa que me resta é tocar minha *mbira*!".

O leão ficou completamente hipnotizado pela música. Esqueceu-se da fome e começou a dançar.

Enquanto isso, a mulher correu para trás do marido e ficou olhando o leão se chacoalhando.

O homem disse:
– Agora está tudo bem, podemos ir embora.

Mas, cada vez que eles davam uns passos para trás, o leão corria em sua direção, para ouvir melhor a música.

E, assim, foram passando as horas, e o homem não podia parar de tocar. Cansado, suado, com dor nos dedos, o homem foi ficando cada vez mais desesperado. Foi quando apareceu um coelho e disse:

– Ei, homem, passa a *mbira* para mim.

Sem parar a música, a *mbira* passou das mãos do homem para as patas do coelho.

O homem e a mulher saíram correndo de volta pra casa.

O coelho continuou tocando por mais um tempo. Aí, ele procurou por um lugar onde pudesse se esconder. De repente, largou a *mbira* e correu para um buraco.

Quando a música parou, o leão acordou, e a única coisa que viu foi o coelho entrando numa toca. Ele pensou:

– Ué?! Eu jurava que era um homem.

[...]

E assim, Chaka, o menino xona, contou mais uma história, e continuou a tocar sua *mbira* à beira do rio Zambeze.

Décio Gioielli. *A mbira da beira do rio Zambeze.* São Paulo: Salamandra, 2007. p. 28-30.

1. Que personagens dialogam nessa história?

2. Quanto tempo você acha que se passou desde a hora que a mulher saiu de casa até ela retornar com o marido?

3. Por que você acha que o autor escolheu essa história para contar no livro?

86

Estudo da escrita

Palavras com R e RR

1. Leia a resenha do livro *A mbira da beira do rio Zambeze*.

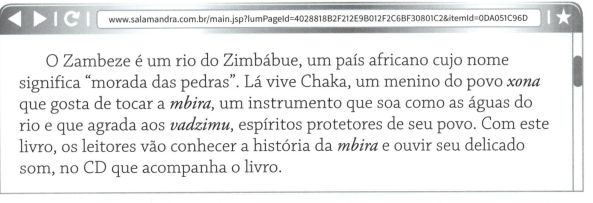

O Zambeze é um rio do Zimbábue, um país africano cujo nome significa "morada das pedras". Lá vive Chaka, um menino do povo *xona* que gosta de tocar a *mbira*, um instrumento que soa como as águas do rio e que agrada aos *vadzimu*, espíritos protetores de seu povo. Com este livro, os leitores vão conhecer a história da *mbira* e ouvir seu delicado som, no CD que acompanha o livro.

Editora Salamandra. Disponível em: <www.salamandra.com.br/main.jsp?lumPageId=4028818B2F212E9B012F2C6BF30801C2&itemId=0DA051C96D8147D6AF07B38E364A82C6>. Acesso em: 8 ago. 2017.

- Observe a capa do livro. Que elementos da resenha estão ilustrados nela?

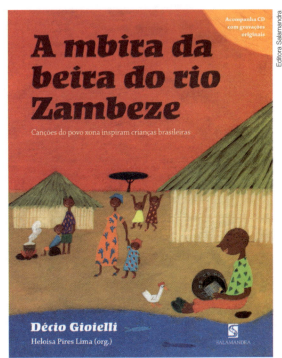

2. Copie da resenha:

a) uma palavra que começa com a letra **r**; _____

b) uma palavra com a letra **r** entre vogais. _____

87

3. Marque a resposta correta com **X**.

a) Quando o **r** está no início da palavra, ele tem som:

☐ forte. ☐ fraco.

b) Quando o **r** está entre vogais, ele tem som:

☐ forte. ☐ fraco.

4. Releia esta fala do texto do início da unidade.

> – Por que toda vez que a gente **corre** no **corredor** você chama a atenção da gente, tia Jassira?

a) Leia em voz alta as palavras destacadas. Nessas palavras, o som de **rr** é forte ou fraco?

_____

b) Como as palavras seriam pronunciadas se fossem escritas com apenas um **r**?

_____

c) Por que essas palavras são escritas com **r** dobrado?

_____

_____

5. Pesquise em jornais e revistas outras palavras escritas com **rr** e copie-as.

_____ _____

_____ _____

_____ _____

_____ _____

Parágrafo

1. Releia este trecho da história "O leão e o atalho".

> O leão ficou completamente hipnotizado pela música. Esqueceu-se da fome e começou a dançar.
>
> Enquanto isso, a mulher correu para trás do marido e ficou olhando o leão se chacoalhando.
>
> O homem disse:
>
> – Agora está tudo bem, podemos ir embora.

a) Pinte os espaços em branco entre a margem esquerda da página e o começo de cada parte do texto.

> Cada uma das partes em que se organiza o texto recebe o nome de **parágrafo**. Ele é marcado pelo espaço em branco entre a margem esquerda e o início do texto.

b) Quantos parágrafos há no trecho que você leu?

_____

c) Em que parágrafo há uma voz que não é do narrador? O que você observou para responder? De quem é essa fala?

_____

_____

d) Por que algumas palavras do texto foram escritas com letra inicial maiúscula?

_____

_____

2. Recorte os trechos do **Material complementar**, página 247, e cole-os abaixo, organizando os parágrafos para formar o texto.

A raposa e as uvas

Disponível em: <http://sitededicas.ne10.uol.com.br/fabula-a-raposa-e-as-uvas.htm>.
Acesso em: 15 ago. 2017.

Pontuação

1. Releia estes trechos.

Trecho 1 – "O leão e o atalho"

> Há muito tempo, havia um casal que morava no campo. Um certo dia, pela manhã, a mulher disse:
> – Eu quero visitar a minha mãe.

Trecho 2 – *Entrevista: Malala Yousafzai*

> Guterres vê Malala como "um símbolo da educação para todos, uma inspiração global e campeã da educação para meninas". [...]

a) Como as falas são marcadas em cada trecho?

_____

_____

b) De quem é a fala em cada trecho?

_____

_____

> O **discurso direto** é a reprodução fiel de uma fala. Pode ser marcado por aspas ou travessão.

c) Por que não é necessário marcar com aspas ou travessão o discurso direto das entrevistas?

_____

_____

Você é o entrevistador

Em uma entrevista, as perguntas e respostas costumam ser orais. O entrevistador pode gravar a conversa ou registrar as respostas do entrevistado por escrito. Depois ele prepara a versão escrita, que poderá ser publicada em um jornal, uma revista ou um *site*.

Leia as orientações a seguir para fazer uma entrevista.

Quem será o entrevistado?

1. Escolha a pessoa que você quer entrevistar.

   Pense no seguinte:
   - O que ela tem de especial para ser entrevistada?
   - Você terá facilidade de se comunicar com ela?
   - Você acha que ela aceitará o convite?

   Veja algumas dicas de pessoas que você pode entrevistar.

Ilustrações: Claudia Marianno

2. Faça o convite à pessoa que você quer entrevistar.
3. Combine o dia, o lugar e a hora para a entrevista.

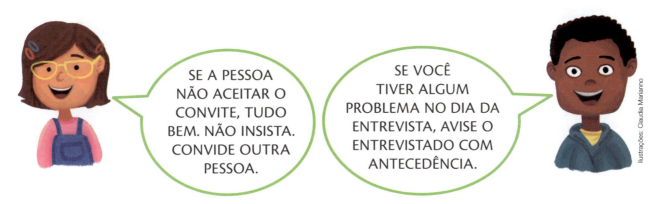

SE A PESSOA NÃO ACEITAR O CONVITE, TUDO BEM. NÃO INSISTA. CONVIDE OUTRA PESSOA.

SE VOCÊ TIVER ALGUM PROBLEMA NO DIA DA ENTREVISTA, AVISE O ENTREVISTADO COM ANTECEDÊNCIA.

Que perguntas você fará?

1. Procure informações sobre a pessoa que você entrevistará e sobre o assunto que será tratado na entrevista.
2. Planeje o início da entrevista, o momento em que você se apresenta como entrevistador.
3. Planeje de que modo você fará a apresentação da pessoa que será entrevistada.
4. Pense no que você pode perguntar para que o entrevistado tenha algo interessante a dizer.
5. Organize o roteiro escrevendo as perguntas no espaço a seguir. Outras perguntas poderão surgir durante a conversa.

_____

_____

_____

_____

_____

6. Planeje como será o agradecimento que você fará ao entrevistado fechando a entrevista.

NÃO FAÇA PERGUNTAS QUE POSSAM DEIXAR A PESSOA ENVERGONHADA OU IRRITADA.

EVITE PERGUNTAR ALGO QUE SEJA DIFÍCIL DE RESPONDER.

Como será a entrevista oral?

No dia da entrevista, não se atrase. Leve um celular ou uma câmera digital de vídeo, caderno e caneta para gravar a entrevista e fazer anotações. Lembre-se de levar também o roteiro de perguntas que você preparou.

1. Tire fotografias de seu convidado.
2. Antes de iniciar as perguntas, diga seu nome ao convidado, o nome de sua escola e o assunto que será abordado na entrevista.
3. Em seguida, inicie a entrevista. A primeira pergunta pode ser mais descontraída, para deixar o entrevistado à vontade. Por exemplo: Olá, como vai o(a) senhor(a)?
4. Faça uma pergunta de cada vez e ouça atentamente as respostas. Observe os gestos e as expressões faciais do entrevistado.

RESPEITE A OPINIÃO DO ENTREVISTADO.

NÃO INTERROMPA ENQUANTO ELE ESTIVER FALANDO.

94

Transcrição de entrevista

Agora você escreverá a entrevista feita na seção **Oralidade**.

Planejamento e escrita

Tenha em mãos a gravação ou as anotações que fez.

1. Se a entrevista foi gravada, ouça com atenção, mais de uma vez, tudo o que foi falado e faça pausas enquanto escreve o diálogo no espaço da página seguinte.

2. Elimine as marcas de oralidade (daí, né etc.) e as repetições.

3. As anotações de gestos e expressões, como riso, podem ser escritas entre parênteses.

4. Diferencie a fala do entrevistador da fala do entrevistado.

Você pode escrever:

- o nome do entrevistador e o nome do entrevistado, como no exemplo.

> **Divertudo** – O que você recomenda para quem quer estudar música?
>
> **Décio** – Estudar música é algo muito prazeroso e cada um tem o seu tempo, o seu talento. Então não fique se comparando com os outros. Pratique, vá em frente.

95

• as palavras "pergunta" e "resposta", veja o exemplo.

> **Pergunta** – O seu nome tem algum significado?
>
> **Resposta** – Na aldeia, todos os índios têm o seu nome indígena e o nome da aldeia, que é como se fosse um sobrenome. Meu nome é Kleykeniho Fulni-ô. Kleykeniho significa "filho da onça" na minha língua, o iatê. Fulni-ô é minha tribo.

5. Prepare uma introdução utilizando as informações que você anotou.

_____

_____

_____

6. Dê um título à entrevista.

Revisão e reescrita

Revise o texto. Verifique se você:

• escreveu o título;

• fez uma introdução com informações sobre o entrevistado e o tema da entrevista;

• diferenciou as falas do entrevistador das falas do entrevistado;

• ordenou as falas na sequência correta;

• usou ponto de interrogação nas perguntas;

• pontuou corretamente as outras frases.

Peça ao professor que leia seu texto. Ele pode sugerir cortes, acréscimos, correções de ortografia e pontuação.

Faça as correções sugeridas.

Edição

Em um computador, utilize um programa de edição de texto para escrever a versão final da entrevista.

Lembre-se de:

- obedecer à disposição gráfica das entrevistas;

- distinguir as perguntas das respostas com recursos diferentes;
- incluir o título;
- inserir as fotografias que você tirou do entrevistado;
- colocar seu nome no final do trabalho.

Imprima o texto e entregue uma cópia ao entrevistado.

Troque sua entrevista com a de um colega. Faça comentários sobre a entrevista dele.

Retomada

1. O professor lerá uma anedota.

Um menino pega o telefone e liga para o açougueiro:
– Bom dia! O senhor tem cabeça de porco?
– Tenho, sim – disse o açougueiro.
– E rabo de porco, o senhor também tem?
– Sim.
– E barriga de porco?
– Claro.
– Tem cara de porco? – perguntou o menino.
– Sim.
– E pata de porco, o senhor tem?
– Sim.
– Poxa! – exclamou o menino. O senhor deve ser muito feio, hein?

Paulo Tadeu. *Proibido para maiores: as melhores piadas para crianças*.
São Paulo: Matrix, 2007. p. 9.

> **Anedota** é uma narrativa que tem a finalidade de provocar riso, divertir o leitor ou o ouvinte.

- Como as falas são marcadas nessa anedota?

_____

2. Copie da anedota:

a) uma palavra em que o **r** tem som forte:

_____

b) uma palavra em que o **r** está entre vogais e tem som fraco: _____

98

3. Leia o sumário de um livro de fábulas.

Companhia das Letrinhas

Introdução, 5

A Cigarra e a Formiga, 7

A Cegonha e o Lobo, 8

A Mosca e a Formiga, 10

A Lebre e a Tartaruga, 13

A Garça e o Caramujo, 14

O Carvalho e o Caniço, 16

O peixinho e o pescador, 19

A gata que virou mulher, 20

O Sapo e o Boi, 23

O Galo e o Pato, 25

O Carneiro, o Lobo Cinza
   e o Lobo Preto, 26

O Rato Eremita, 29

O Leão e o Mosquito, 30

O rato urbano e o rato do campo, 32

A morte e o carroceiro, 35

O Cachorro e o Lobo-Guará, 36

O Corvo e o Macaco, 39

O carreteiro e o menino, 41

O Rato e o Leão, 42

O viajante e seu
   amigo sedentário, 44

Fábulas de La Fontaine, 46

a) Sublinhe as palavras do sumário de acordo com a legenda:

■ **c** com som de **k**

■ **c** com som de **s**

■ **qu** com som de **k**

b) Que palavra você sublinhou de **verde** e também de **vermelho**? Por quê?

_____

_____

_____

_____

_____

_____

Gilles Eduar. *Diálogos fabulosíssimos.* São Paulo: Companhia das Letrinhas, 2017 [orelha].

99

Construir um mundo melhor

Instrumentos musicais de sucata

Nesta unidade, você conheceu dois instrumentos musicais africanos: a *kalimba* e a *mbira*.

Que instrumentos musicais brasileiros você conhece? Você sabia que muitos deles têm origem africana ou indígena?

Veja a seguir.

Berimbau

É um instrumento de corda que foi trazido ao Brasil pelos escravos angolanos. Tornou-se um componente central das rodas de capoeira.

Agogô

Instrumento desenvolvido na Nigéria, seu nome significa "sino" em iorubá. É muito utilizado em religiões afro-brasileiras e também no samba.

Maracá

Esse instrumento tem grande importância em diversos rituais de muitos povos indígenas. É feito com uma cabaça preenchida com sementes ou grãos.

Flauta

Instrumento de sopro muito utilizado em festas e rituais indígenas.

O que fazer

Você e os colegas confeccionarão com sucata instrumentos musicais de origem indígena ou africana. Os instrumentos serão expostos em uma mostra cultural.

Como fazer

Organizem-se em grupos de três ou quatro alunos. Cada grupo deve pesquisar um instrumento.

Veja os exemplos das fotografias: um maracá feito de garrafa plástica e arroz e uma flauta feita de canudos.

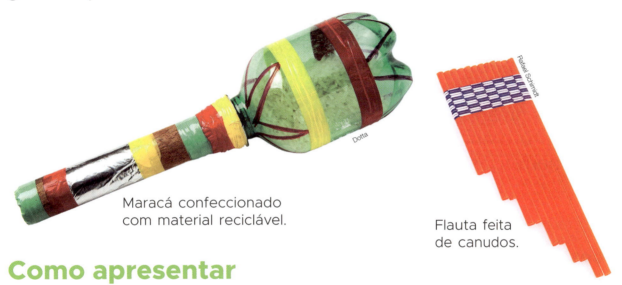

Maracá confeccionado com material reciclável.

Flauta feita de canudos.

Como apresentar

Para expor na mostra cultural, é importante escrever o nome do instrumento confeccionado e saber explicar como ele funciona e se é de origem africana ou indígena.

O professor convidará alunos de outras turmas, professores, pais ou responsáveis para participar da mostra cultural.

Vocês podem utilizar os instrumentos para fazer apresentações musicais acompanhando canções infantis.

O professor indicará algumas canções para vocês ouvirem.

Periscópio

📖 Para ler

ABC dos povos indígenas no Brasil, de Marina Kahn. São Paulo: Edições SM, 2014.
A vida dos povos indígenas do Brasil é um universo variado e fascinante que prenderá sua atenção. Conheça as formas de se relacionar com a natureza, os ritos de passagem e a grande diversidade étnica.

Histórias africanas para contar e recontar, de Rogério Andrade Barbosa. São Paulo: Editora do Brasil, 2007.
Viaje pelo imaginário popular ao ler essas histórias. Imagine-se em volta da fogueira enquanto o ancião inventa alguns sons para suas narrativas.

👆 Para acessar

"Poesia para crianças não tem que ensinar nada" é o que diz Eucanaã Ferraz, escritor de livros infantis. Leia as ideias dele sobre as coisas simples do dia a dia, que podem ter um grande significado na vida de cada um.
Disponível em: <http://eraoutravez.blogfolha.uol.com.br/2017/01/13/poesia-para-criancas-nao-tem-que-ensinar-nada-diz-eucanaa-ferraz-leia-entrevista/>. Acesso em: 26 jul. 2017.

UNIDADE 4
Poemas de cordel

1. Recorte as imagens da página 249 do **Material complementar**. Cole aqui apenas as capas dos folhetos em que você imagina encontrar poemas de cordel.

103

Antes de ler

1. Observe a capa do livro.

a) Quem é o autor?
b) Qual é o título do livro?
c) O que são rimas?
d) Você sabe o que é um poema de cordel? Será que cordel tem rima?
e) O que a ilustração tem a ver com o título do livro?

Na página seguinte, você lerá um poema de cordel que foi publicado no livro *Minhas rimas de cordel*.

O título do poema é "Desafio do trava-línguas".

- Você sabe o que é um desafio?
- E o que é um trava-língua?
- Como você imagina um desafio de trava-línguas?
- A imagem ao lado representa um trava-língua que faz parte do poema de cordel. Você sabe qual é?

Xilogravura de Valdeck de Garanhuns e Regina Drozina, que ilustra o livro *Minhas rimas de cordel*, de César Obeid (Moderna, 2013).

104

Leitura 1

Com um colega, leia o poema de cordel a seguir.

Decidam quem será o **Poeta 1** e quem será o **Poeta 2**.

Durante a leitura, fiquem atentos ao ritmo e à musicalidade que as rimas proporcionam ao poema.

Desafio do trava-línguas

Poeta 1:
Começou nossa peleja
Na arte de improvisar
Eu proponho um convite
Pra ninguém se enrolar
Relembrando trava-línguas
Para a língua não travar.

Poeta 2:
Então vou te acompanhar
Pois não tenho calafrio
Vou mandar versos complexos
Pra esquentar o clima frio
Se um de nós travar a língua
O outro vence o desafio.

Poeta 1:
Então eu viro um navio
E começo a navegar
Sabe aquele sabiá
Que sabia assobiar?
Viu um sapo lá no saco
Com seu papo a pular.

105

Poeta 2:
Você disse sem travar
Mas eu vou dizer agora
Alô, o tatu tá aí?
Não, o tatu já foi embora
Ver um gato se esconder
Com o rabo bem pra fora.

Poeta 1:
Disse bem e sem demora
Mas eu vou ganhar a soma
Quando um rato rói a roupa
De um rei real de Roma
A rainha diz: "A roupa
Do meu rei o rato toma."

Poeta 2:
Se sua língua não embroma
Minha língua sempre insiste
E diz: Um prato de trigo
Para um tigre tão triste
Que o trigo não tritura
E não quer prato de alpiste.

Poeta 1:
Se você sempre persiste
Eu também com rima brinco
Qual é o doce mais docinho
Da doceira de afinco?
Trago o troco e tire o prato
Não tem truque, troque o trinco.

Afinco: insistência.
Embromar: enganar, zombar, tapear.
Calafrio: arrepio e pequeno tremor quando se está com febre, com frio ou com muito medo.
Peleja: no cordel, trata-se de uma intensa disputa verbal, geralmente acompanhada de viola, em que dois poetas compõem versos de improviso conforme o mote (tema) proposto no início, um obrigando o outro a dar uma resposta contrária.

Poeta 2:

Eu não sou ornitorrinco
Mas também tenho artimanha
A aranha arranha o jarro
E o jarro arranha a aranha
E outra aranha na Alemanha
Quis lasanha com castanha.

Poeta 1:

É tão grande sua artimanha
Quanto é grande a cantoria.

Poeta 2:

Em nós dois sobra façanha
Pra brincar com poesia.

Os dois:

Nosso verso agora míngua
Pra findar o trava-língua
Adeus, até outro dia.

César Obeid. *Minhas rimas de cordel*. 2. ed.
São Paulo: Moderna, 2013.
(Coleção Veredas). p. 36, 37, 38 e 39.

Artimanha: maneira de enganar alguém para conseguir alguma coisa.
Façanha: esperteza, habilidade.
Findar: terminar.
Minguar: diminuir.

⭐ SOBRE O AUTOR

César Obeid nasceu na cidade de São Paulo, em 1974. Ele é escritor, educador, contador de histórias, ator, cozinheiro e poeta. Já escreveu muitos livros para crianças e jovens. Escreve também matérias e artigos para jornais e revistas. Para saber mais, visite o *site* do escritor: <www.cesarobeid.com.br/>. Acesso em: 26 jul. 2017.

# Estudo do texto

1. Converse com os colegas sobre as questões a seguir.

    a) Por que o título do poema é "Desafio do trava-línguas"?
    b) Como os três versos finais devem ser recitados?
    c) Quem venceu o desafio?

2. Volte ao poema de cordel e releia a primeira e a segunda estrofe.

    a) Que convite é feito na primeira estrofe?

    _____

    _____

    b) O que acontece se um dos poetas travar a língua durante o desafio?

    _____

    c) Copie as palavras que rimam em cada estrofe.

    _____

    _____

3. Releia estes versos.

> A rainha diz: "A roupa
> Do meu rei o rato toma."

Você sabe por que há dois-pontos (:) e aspas (" ") nesses versos?

_____

_____

108

4. Marque a resposta correta. Nas estrofes de seis versos:

☐ o primeiro verso rima com o terceiro.

☐ rimam os versos pares: o segundo, o quarto e o sexto.

☐ rimam os versos ímpares.

5. Nas três estrofes finais, que palavra rima com:

a) artimanha – _____.

b) cantoria – _____.

c) míngua – _____.

6. Reúna-se com o mesmo colega que leu o poema de cordel com você. Escolham um dos trava-línguas lembrados pelo poeta durante a peleja e escreva-o nas linhas abaixo. Depois leiam-no juntos para a turma.

_____

_____

_____

_____

_____

7. Leia o poema "Desafio do trava-línguas" para uma pessoa de sua família. Depois, relembre outros trava--línguas e escreva cada um em uma folha de papel. Traga esse material para a sala de aula.

109

Oralidade

Recital de trava-línguas

Entregue ao professor o trava-língua que você escreveu em casa. Ele vai ler um texto de cada vez. Então, todos juntos vão repeti-lo devagar e, depois, rapidamente.

Os trava-línguas serão colocados dentro da **caixa de trava-línguas** que o professor vai deixar na sala de aula.

Formem uma roda. Um de cada vez vai sortear um trava-língua da caixa e ler em voz alta para os colegas, o mais rápido que conseguir, sem enrolar a língua.

Agora participe de um desafio de trava-línguas.

1. O professor organizará a turma em dois grupos.

2. Os textos da **caixa de trava-línguas** serão divididos entre os grupos.

3. Cada integrante do grupo deverá ler um trava-língua. Ensaiem no tempo que o professor determinar, tentando memorizar o texto.

4. Ao sinal do professor, um grupo apresenta um trava-língua em voz alta. O aluno terá duas chances de pronunciar sem enrolar a língua.

5. Depois é a vez do próximo grupo.

6. Vence o grupo que melhor recitar os trava-línguas.

Substantivos

1. Releia estes versos do poema de cordel.

> Eu não sou ornitorrinco
> Mas também tenho artimanha
> A aranha arranha o jarro
> E o jarro arranha a aranha
> E outra aranha na Alemanha
> Quis lasanha com castanha.

a) Ornitorrinco é um nome de:

☐ planta.

☐ animal.

☐ objeto.

b) Por que a palavra "Alemanha" foi escrita com letra inicial maiúscula?

_____

c) Que palavras terminam com o mesmo som de aranha?

_____
_____

2. Copie da estrofe acima

a) dois nomes de animais: _____.

b) dois nomes de alimentos: _____.

c) um nome de objeto: _____.

d) um nome próprio: _____.

> As palavras que dão nome a pessoas, lugares, animais, plantas, objetos, sentimentos, emoções, dias da semana, meses do ano etc. são chamadas de **substantivos**.

111

3. Leia um trecho do poema "Tirulim, tirulará".

Quem será o rei do mar?	E a rainha do banheiro,
Leão-marinho ou tubarão?	se o chuveiro é o rei?
A rainha, quem será?	Tirulim, tirulará!
A baleia ou a sereia?	Quer um tempo pra pensar?...
[...]	[...]

Marta Lagarta. *Abraço de pelúcia*. Belo Horizonte: Autêntica, 2010. p. 12.

Saulo Nunes Marques

a) Quem será? Escolha no poema ou pense em uma resposta e complete o quadro.

	rei	rainha
do mar		
do banheiro		

b) Agora você vai inventar.

	rei	rainha
da cozinha		
das frutas		

> Os substantivos podem ser masculinos ou femininos. Masculino e feminino são os **gêneros do substantivo**.

c) Complete com o gênero.

Os substantivos que você escreveu na coluna do **rei**

são _____.

Os substantivos que você escreveu na coluna da

rainha são _____.

112

4. Complete os trava-línguas com as expressões do quadro. Preste atenção à brincadeira com o som das palavras.

> Três ogros bregas – O grilo – A rainha do repolho refogado

_____

ri do rei do rabanete emburrado.

_____

trocam trecos e trambolhos.

_____ prendeu

o brinco no prego.

Eva Furnari. Travadinhas. São Paulo: Moderna, 2013. E-book.

a) Conte aos colegas o que você observou para completar cada trava-língua.

b) E se fosse apenas um ogro, como ficaria o trava-língua?

_____

c) E se fossem duas rainhas e dois reis?

_____

_____

d) E se fossem três grilos, três brincos e alguns pregos?

_____

e) O que aconteceu com os substantivos nas respostas dos itens **b**, **c** e **d**?

> Os substantivos podem estar no singular ou no plural. Singular e plural são os **números do substantivo**.
> Os substantivos variam em **gênero** (masculino e feminino) e **número** (singular e plural).

Verbos

1. Circule no trava-língua a palavra que indica o que a rainha faz.

A rainha do repolho refogado / ri do rei do rabanete emburrado.

a) A palavra que você circulou indica uma ação que já aconteceu, vai acontecer ou está acontecendo agora?

_____

b) E como ficaria o trava-língua se essa ação tivesse acontecido ontem?

A rainha do repolho refogado

_____

> Os **verbos** variam para indicar o **tempo** (presente, passado e futuro) em que os fatos acontecem.

2. Circule o verbo e escreva em que tempo ele está.

O grilo prendeu o brinco no prego. tempo: _____

3. Releia.

Três ogros bregas / trocam trecos e trambolhos.

Como ficaria a frase para indicar:

a) uma ação futura? **b)** uma ação passada?

_____ _____

_____ _____

_____ _____

114

Muitos poemas de cordel são adaptações de histórias conhecidas. Leia e descubra que conto inspirou o cordel a seguir.

Contos encantados em cordel

Há muito tempo atrás
num passado bem distante
aconteceu uma história
que é muito fascinante
vou contar sobre João
e o pé de feijão gigante

Uma viúva da aldeia
viveu a situação
tinha um filho levado
cujo nome era João
formavam família pobre
com bem pouca condição

João era necessitado
mesmo assim era exigente
não gostava da pobreza
ele era intransigente
queria ter um destino
que fosse bem diferente

João por ser insistente
jamais queria entender
até quando sua mãe
veio lhe oferecer
vou te dar a nossa vaca
para que possas vender

Ela é o nosso sustento
sei que vou me arrepender
esse seu inconformismo
faz-me até entristecer
faça dela um bom proveito
diminua o meu sofrer

João pegou aquela vaca
e seguiu a caminhar
era tudo o que ele tinha
a vaquinha do seu lar
ia tentar buscar preço
para alguém arrematar

Até que lá no mercado
alguém chamou-lhe a atenção
quanto custa esta vaquinha
que seguras pela mão?
eu fico logo com ela
por alguns grãos de feijão

O homem fez a contagem
e entregou a João
deu a ele a quantidade
de dedos que tem na mão
João trocara sua vaca
por cinco grãos de feijão

Ao chegar a sua casa
João ouviu reclamação
onde está o teu juízo?
o deixaste pelo chão?
quem já viu perder a vaca
e não ganhar nenhum tostão?

A viúva injuriada
não teve contemplação
atirou pela janela
os grãos que tinha na mão
e bem no dia seguinte
nasceu um pé de feijão

Não era um pé rasteiro
que dá no quintal da gente
era um feijoeiro gigante
muito alto e bem potente
era um bom pé de feijão
maior do que muita gente

João ficou muito surpreso
procurou logo escalar
foi subindo pelo caule
foi parar noutro lugar
para chegar num castelo
difícil de imaginar

Arrematar: comprar.
Inconformismo: falta de entendimento, rebeldia.
Intransigente: intolerante.
Juízo: pensamento.

João desejava comer
pois muita fome ele tinha
uma mulher ia dar
mas o gigante já vinha
foi escondido no forno
que ele viu uma galinha

A galinha obedecia
do Rei a ordenação
coloque ovos de ouro
eu os quero de montão
o Rei logo adormeceu
e agarrou-a João

Ao voltar pra sua casa
João trazia em sua mão
a galinha poedeira
que valia um milhão
ela era um tesouro
que tinha como quinhão

A pobre mãe do João
respirou aliviada
a vida ali melhorou
como num conto de fada
que galinha valiosa
eu não a troco por nada

João estava muito bem
e grande era a tentação
fascinava o menino
aquele pé de feijão
sem fazer nenhum aviso
ele fez escalação

Bem nos primeiros instantes
a cena se repetiu
quando menos esperava
eis que um gigante surgiu
sinto cheiro de criança
foi a fala que emitiu!

João que era muito ligeiro
e dono de imaginário
tendo medo do gigante
escondeu-se no armário
esperando que saísse
o gigante do cenário

117

Logo depois algum tempo
o gigante foi contar
as moedas de um saco
João ficou a observar
que ele estava sonolento
e começava a roncar

Três anos assim passaram
muita coisa aconteceu
João subiu naquela planta
e na tina se escondeu
o Rei sentiu cheiro estranho
mas de João não percebeu

A sua harpa de ouro
o giga pediu com fé
mas enquanto procuravam
ele já dormia em pé
que gigante dorminhoco
dorme mais que jacaré

Ao sair dali da tina
João a harpa foi pegar
foi então que a mulher
começou logo a gritar
socorro tem um ladrão
tá querendo nos roubar

O Rei depois de acordar
saiu em perseguição
os dois bem se debatiam
numa grande agitação
mas João usou machado
cortando o pé de feijão

E foi o fim do gigante
e de nossa contação
João terminou bem feliz
e tocando com emoção
e até hoje usa música
pra chegar ao coração.

Tina: recipiente parecido com um grande balde.

Sírlia Sousa de Lima. *Contos encantados em cordel*. 2. ed. Natal: CJA Edições, 2015. p. 78-84.

SOBRE A AUTORA

Sírlia Sousa de Lima nasceu em Mossoró, no Rio Grande do Norte. Ela é pedagoga, poeta, especialista em Educação Infantil e autora de várias obras que são releituras de clássicos em versão de cordel.

Estudo do texto

1. Que conto inspirou esse cordel?

   _____

2. Nas primeiras estrofes, o texto apresenta algumas características de João. Como ele é?

   _____

3. Numere as frases de acordo com os acontecimentos da história.

   ☐ Um pé de feijão gigante nasceu.

   ☐ A vaca era o único sustento da família.

   ☐ João escalou a árvore e chegou ao castelo.

   ☐ A mãe de João jogou os grãos de feijão pela janela.

   ☐ João trocou a vaca por cinco grãos de feijão.

4. Releia a décima segunda estrofe.

   a) Qual das palavras a seguir tem o mesmo sentido de "surpreso" na estrofe?

   ☐ Curioso.   ☐ Irritado.

   ☐ Assustado.   ☐ Admirado.

   b) Os verbos **escalar** e **subir** têm sentidos:

   ☐ semelhantes.   ☐ contrários.

   c) Complete:

   • **noutro** é o mesmo que _____.

   • **num** é o mesmo que _____.

119

5. Leia um trecho do conto "João e o pé de feijão".

[...] "Mulher, traga-me a galinha que bota os ovos de ouro." Assim ela fez e o ogro disse: "Bota", e a galinha botou um ovo de ouro. Em seguida o ogro começou a cabecear e a roncar até fazer a casa tremer.

Então João se esgueirou do forno, pé ante pé, passou a mão na galinha dourada e fugiu como um corisco. [...]

Contos de fadas. Tradução de Maria Luiza X. de A. Borges. Rio de Janeiro: Zahar, 2013. p. 155-156.

a) Procure no dicionário o significado de "esgueirou" e "corisco" e escreva no caderno.

b) Circule no cordel a estrofe que se refere ao trecho acima.

c) No segundo verso da estrofe que você circulou, a autora poderia ter escrito *A ordenação do rei*? Por quê?

d) Copie no caderno os versos que reproduzem a fala do rei.

e) Em "agarrou-a", a que substantivo o **a** se refere?

 O que aprendemos sobre...

Poemas de cordel

- É uma narrativa na forma de poema dividido em estrofes, em versos com rimas.
- É possível encontrar poemas de cordel em folhetos, livros e *sites*.
- Vários poemas de cordel são inspirados em textos da tradição oral.

Com O ou U?

1. Complete os versos com as palavras que o professor vai ler.

   O _____ falou sem _____:

   – _____, eu quero _____!

   – Mas, _____, eu não _____,

   Cabeça de _____

   Não pode querer um _____.

   César Obeid. *Loucoliques da língua portuguesa*. São Paulo: Editora do Brasil, 2016. p. 20.

   a) Circule a sílaba tônica das palavras que você escreveu.
   b) Essas palavras são acentuadas?
   c) Você ficou em dúvida se deveria usar **o** ou **u** no final de alguma palavra? Por quê?
   d) Qual é a posição da sílaba tônica nessas palavras? Como elas se classificam?

2. Leia em voz alta algumas palavras terminadas em **u**.

tatu	urubu	peru	jaburu
chuchu	caju	angu	caruru

   a) Circule a sílaba tônica dessas palavras.
   b) Qual é a posição delas nessas palavras? Como elas se classificam?

3. O que você pode observar quando estiver em dúvida se uma palavra não acentuada termina com **o** ou **u**?

121

Produção de texto

Poema de cordel

Você leu nesta unidade um poema de cordel inspirado no conto "João e o pé de feijão".

Agora, o professor organizará a turma em grupos. Você e os colegas do grupo vão criar um pequeno poema de cordel inspirado em outro conto tradicional.

Os poemas farão parte da **Mostra de cordel** que será planejada pelo professor com a colaboração de vocês.

Planejamento

1. Reúna-se com mais dois ou três colegas.
2. Procurem livros de contos tradicionais em casa, consultem livros da biblioteca da escola ou pesquisem na internet.
3. Leiam os contos. Decidam qual deles será transformado em um poema de cordel.
4. Providenciem uma cópia do texto selecionado para cada integrante do grupo.

Escrita

O professor vai reservar algumas aulas para a produção escrita.

Revisão e reescrita

Quando o texto estiver pronto, mostrem ao professor. Ele poderá sugerir cortes, acréscimos e correções.

Façam as alterações que julgarem necessárias.

Verifiquem também se:

- o texto está organizado em versos e estrofes;
- é possível perceber uma história sendo contada nesses versos e estrofes;
- há a mesma quantidade de versos em todas as estrofes;
- a posição das rimas está correta;
- há falas de personagens e se elas aparecem indicadas com dois-pontos e travessão;
- os versos começam com letra maiúscula;
- as palavras estão escritas e acentuadas corretamente.

Edição e versão final

Digitem ou passem o texto a limpo em uma ou mais folhas de papel A4 divididas em quatro partes iguais.

Ilustrem o texto.

Socialização

Ajudem o professor a organizar a **Mostra de cordel** na sala de aula.

Vocês podem pendurar os folhetos em varais e convidar alunos de outras turmas para conhecer o trabalho.

Outra leitura

Leia o título e observe o texto a seguir. Que texto é esse? Será um conto? Você já viu algum texto parecido?

Leia o texto silenciosamente. Depois, o professor vai escolher três alunos para fazer uma leitura em voz alta.

João e o Pé de Feijão
Adaptação: Everton Bonfim

Personagens
João
Mãe
Vaca Mimosa
[...]

Cena 1

(a Vaca está pastando)
(João chega abraçando a Vaca)

João – Oi, Mimosa! Sempre preguiçosa! Por onde você andou?

Mimosa – Muuuuuuuuuuuuuuuuuuuuuuuu.

João – Muuuuuuuuuuuuuuuuuuuuuuuuuu pra você também!!! Sabe, Mimosa, eu tava pensando... se eu fosse rico... eu tirava a Mãe desse fim de mundo...

(a Mãe aparece tristonha, quase chorando, com uma bacia nas mãos e começa a estender roupas).

João – Ué, Mimosa, parece que a Mãe tá chorando.

Mimosa – Muuuuuuuuuuuuuuuuuuuuuuuuuu.

João – Eu vou lá vê o que aconteceu. *(se aproxima da Mãe)* Mãe, a senhora tá chorando?

Mãe – Não filho, é que entrou um cisco no meu olho.

João – Deixa eu tirar. *(assopra o olho da Mãe)* Não tem cisco nenhum, Mãe.

Mãe – Eu sei filho, a Mãe tá chorando mesmo.

João – Mas por que, Mãe?

Mãe – A nossa comida acabou João. Não temos mais dinheiro pra nada. A única solução é vender a Mimosa pra comprar comida.

João – A Mimosa não, Mãe. *(corre pra perto da Vaca)*

Vaca – Muuuuuuuuuu.

(a Mãe se aproxima dos dois)

Mãe – Eu também gosto muito da Mimosa, mas ela é a única coisa que temos pra vender João.

João – Mas Mãe...

Mãe – *(um pouco irritada pela fome)* Não tem mas, João.

João – Está bem Mãe. Vou levar a Mimosa pro mercado e vendê-la.

(João amarra uma corda no pescoço da Vaca e sai à procura de um comprador)

[...]

Disponível em: <http://teatrodegaragem.com/wp-content/uploads/fabulas-infantis-texto-completo.pdf>. Acesso em: 18 out. 2017.

1. O texto que você leu é a primeira cena de um texto dramático, escrito para ser encenado. Que conto foi adaptado para ser transformado nessa peça de teatro?

2. Responda:

    a) Que personagens fazem parte do texto?

    b) Como as falas de cada personagem são marcadas nesse texto?

    c) Por que alguns trechos do texto aparecem entre parênteses?

3. Sublinhe no texto os marcadores de cena que indicam os sentimentos dos personagens.

Circule as marcações que indicam as ações dos personagens.

Retomada

1. Leia os textos 1 e 2.

Texto 1

Mauricio de Sousa. *120 tirinhas da Turma da Mônica*. Porto Alegre: L&PM, 2012. p. 53.

Texto 2

[...]
A garotinha seguiu
Pela floresta contente
Caminhou um bom pedaço
Mas encontrou lá na frente
Um lobo velho e faminto
Que chegou todo distinto
Sorrindo, mostrando o dente.

– Para onde vais, garotinha,
Sozinha por esta estrada? –
Pergunta o lobo sutil
Fingindo não querer nada.
– Vou visitar a avozinha
Que já está bem velhinha
E se encontra adoentada.
[...]

Arievaldo Viana. *A peleja de Chapeuzinho Vermelho com o Lobo Mau.*
São Paulo: Globo, 2011. E-book.

a) Quais são as semelhanças entre os textos?

b) Complete os quadrinhos com o número do texto correto.

- O texto ☐ nos faz lembrar do início do conto tradicional.

- O texto ☐ retrata um acontecimento do final do conto tradicional.

c) Como as falas dos personagens são indicadas em cada texto?

_____

_____

d) Em que texto há rimas? Quais são elas?

_____

2. Escreva os substantivos usados nos textos para nomear:

a) um personagem – _____.

b) um animal – _____.

c) partes do corpo – _____.

3. Releia a primeira estrofe do **Texto 2** na página anterior.

a) Em que tempo estão os verbos nessa estrofe?

_____

b) Copie um substantivo dessa estrofe e indique o gênero e o número dele.

_____

127

Construir um mundo melhor

Exposição de xilogravuras

Os poemas de cordel costumam ser ilustrados com xilogravuras. Xilogravura é a técnica de fazer gravuras em relevo sobre madeira.

Xilogravura. Museu de Paleontologia de Santana do Araripe. Santana do Cariri, Ceará, 2012.

O xilógrafo passa tinta sobre uma figura entalhada e, como se fosse um carimbo, pressiona essa matriz sobre o papel.

Aplicação da técnica de xilogravura colorida.

Entalhar um desenho na madeira, como fazem os xilógrafos, é um trabalho difícil, que exige técnica e conhecimento.

J. Borges, Gilvan Samico, Abraão Batista, Amaro Francisco, José Costa Leite e José Lourenço estão entre os principais xilógrafos brasileiros.

O que fazer

Você e os colegas vão fazer desenhos parecidos com xilogravuras para pendurar em um dos corredores da escola.

Reúna-se com mais dois colegas e pensem em imagens que lembrem a importância de preservarmos a fauna e a flora brasileira.

Como fazer

Material:
- bandejas de isopor;
- lápis;
- tinta guache;
- rolinho de espuma;
- papel sulfite;
- tesoura.

Sigam estas etapas:

1. Corte as laterais da bandeja.
2. Faça um desenho na bandeja com o lápis.
3. Coloque a tinta em outra bandeja e passe o rolinho.
4. Em seguida, passe o rolinho com tinta sobre o desenho que você fez.
5. Coloque o papel sulfite sobre o desenho com tinta e pressione-o para que o desenho fique carimbado no papel.

Exposição

Os desenhos poderão ser pendurados em um varal, em um corredor da escola ou em outro lugar da preferência de vocês. Deem um título à exposição.

Periscópio

📖 Para ler

Contos encantados em cordel, de Sírlia Souza de Lima. Natal: CJA Edições, 2015.
O livro reconta, em cordel, os contos Rapunzel, Pinóquio e muitos outros. Para quem os conhece narrados em prosa, relê-los em cordel será uma grata surpresa. Além do encanto dessas histórias, há as rimas, que soam como música para nossos ouvidos.

Cordelendas – Histórias indígenas em cordel, de César Obeid. São Paulo: Editora do Brasil, 2014.
Toda a poesia das lendas indígenas aparece nesse livro em forma de cordel para explicar diversas situações e a origem de coisas que nos cercam.

O menino Lê, de André Salles-Coelho. Belo Horizonte: Dimensão, 2011.
Leandro (ou Lê) gostava de ouvir histórias contadas pelos repentistas do sertão nordestino e acabou se tornando um dos maiores nomes da nossa literatura de cordel: Leandro Gomes de Barros.

👆 Para acessar

Quintal da Cultura – Poesia no varal: o que será que dá o cruzamento da minhoca com a borboleta? Acesse e descubra nesse cordel.
Disponível em: <www.culturamarcas.com.br/parte-04-cmais-3>. Acesso em: 26 jul. 2017.

UNIDADE 5
Divulgação do conhecimento

1. Observe as imagens e compare-as.

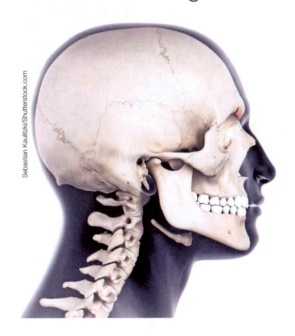

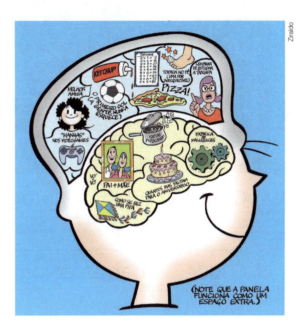

_____ _____
_____ _____
_____ _____
_____ _____

- O que elas têm de parecido? E de diferente?
- Onde você acha que cada uma dessas imagens poderia ser publicada?

2. Escreva uma legenda para cada imagem.

131

Antes de ler

1. Você sabe o que é um infográfico? Observe um.

a) Qual é o título do infográfico?

___

b) O que as barras coloridas indicam?

___

___

c) Como sabemos disso?

___

___

d) Esse infográfico demonstra que:

☐ as tartarugas marinhas estão conseguindo se salvar da extinção.

☐ as tartarugas marinhas continuam sendo ameaçadas de extinção.

Você vai ler na página seguinte um artigo de divulgação científica que foi publicado nesta revista.

- Qual é o nome da revista?
- Por que você acha que a revista tem esse nome?
- Qual é o assunto principal dessa edição da revista?

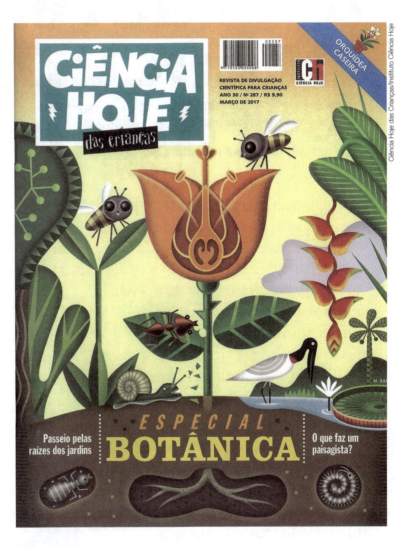

O título do artigo de divulgação científica é:

Por que devemos nos preocupar com a extinção das espécies?

- Do que você acha que o texto vai tratar?
- Você sabe o que é extinção?
- A quais espécies você imagina que o texto se refere?
- Como você responderia à pergunta do título?

133

MEIO AMBIENTE

Por que devemos nos preocupar com a extinção das espécies?

Vira e mexe os meios de comunicação trazem notícias sobre alguma espécie ameaçada de extinção. Mico, peixe-boi e tartaruga são alguns dos campeões no noticiário, mas há muitos outros animais correndo risco de desaparecer para sempre, assim como muitas plantas também. Mas o que a gente tem a ver com isso?

A ciência está longe de saber tudo sobre a biodiversidade, isto é, sobre o conjunto de espécies e ecossistemas que existe em nosso planeta. Mesmo sabendo relativamente pouco, as informações que os cientistas têm mostram, cada vez mais, o quanto nós dependemos da natureza em equilíbrio.

As florestas precisam ser preservadas porque têm papel fundamental na distribuição das chuvas, em continentes inteiros. Sem falar que as matas também protegem o solo contra a erosão, ajudam a fixar nutrientes na terra e umidificam o ar. E mais: as áreas de floresta atuam retirando gás carbônico da atmosfera, o que é importantíssimo para conter o aquecimento global [...].

Assim como as florestas, todos os outros ecossistemas dependem das atividades das espécies (animais e plantas) que vivem nesses ambientes. Por esse motivo, se uma minhoca estiver ameaçada de extinção, a gente deve se preocupar, sim, pois todos os seres vivos são importantes para o equilíbrio da Terra.

Floresta preservada. Queensland, Austrália, 2017.

Veja o caso das onças-pintadas. Se elas forem extintas, os roedores – uma de suas presas preferidas – não serão caçados e poderão se tornar muito abundantes. Isso prejudicaria gravemente as árvores, pois a grande população desses animais poderia comer quase todas as sementes produzidas.

Além de problemas como o desse exemplo, os cientistas têm descoberto uma série de riscos que podem ocorrer quando as espécies são extintas, como a perda de animais polinizadores (importantíssimos para a formação das sementes dos frutos) e dispersores (que distribuem as sementes das plantas). Esse tipo de perda na natureza pode interferir no desempenho dos ecossistemas, que precisam de outras áreas semeadas para suportar ou se recuperar de estresses ambientais, como os desmatamentos e as queimadas, que são causadas pelos seres humanos.

Moral da história: extinção é coisa séria! Devemos cuidar bem das espécies, e não apenas das bonitinhas, mas de toda a biodiversidade. Esse é o único jeito de garantirmos um ambiente com qualidade de vida para vivermos hoje e para deixarmos aos nossos filhos, netos, bisnetos, tataranetos...

Área de desmatamento na Amazônia, 2011.

Anderson Aires Eduardo, Departamento de Ciências Biológicas, Universidade Estadual de Santa Cruz (BA). *Ciência Hoje das Crianças*, ano 30, n. 287, mar. 2017, p. 12.

Estudo do texto

1. Veja na primeira coluna da tabela algumas palavras que fazem parte do artigo de divulgação científica que você leu. Você sabe o que elas significam? Escreva suas hipóteses na segunda coluna.

	Minhas hipóteses	Resultado da pesquisa
Erosão		
Desmatamento		
Queimada		

a) Agora pesquise o significado dessas palavras em um dicionário ou enciclopédia e complete a terceira coluna.

b) Suas hipóteses se confirmaram?

2. Quem escreveu o artigo de divulgação científica?

_____

3. Releia o primeiro parágrafo desse artigo.

> Vira e mexe os meios de comunicação trazem notícias sobre alguma espécie ameaçada de extinção. Mico, peixe-boi e tartaruga são alguns dos campeões no noticiário, mas há muitos outros animais correndo risco de desaparecer para sempre, assim como muitas plantas também. Mas o que a gente tem a ver com isso?

a) Que palavra ou expressão poderia ser utilizada no lugar de "vira e mexe"?

_____

_____

b) O que significa "espécie ameaçada de extinção"?

_____

_____

c) Por que o mico, o peixe-boi e a tartaruga são alguns dos campeões no noticiário?

_____

_____

d) A quem é dirigida a pergunta no final do trecho? Como você descobriu?

_____

_____

e) Que palavra poderia ser utilizada no lugar de "a gente"?

_____

4. A linguagem utilizada no artigo que você leu é:

☐ mais séria, formal.

☐ mais espontânea, informal.

5. Encontre no artigo de divulgação científica a definição de **biodiversidade**, copie-a e responda às questões.

_____

_____

a) A que espécies o artigo se refere?

_____

b) Que ecossistema é citado no artigo?

_____

6. Liste, de acordo com o texto, por que as florestas precisam ser preservadas.

_____

_____

_____

_____

_____

_____

_____

7. Releia este trecho do artigo de divulgação científica.

> [...] se uma minhoca estiver ameaçada de extinção, a gente deve se preocupar, sim, pois todos os seres vivos são importantes para o equilíbrio da Terra.

a) Por que o autor citou a minhoca como exemplo?

_____
_____

8. Explique o que pode acontecer se as onças-pintadas forem extintas.

_____
_____

9. Depois de ler o artigo, responda novamente à pergunta: Por que devemos nos preocupar com a extinção das espécies?

 O que aprendemos sobre...

Artigo de divulgação científica

- Os artigos de divulgação científica são textos que apresentam conceitos e explicações para veicular um conhecimento científico ao público interessado em saber mais informações sobre um assunto.
- Os artigos de divulgação científica costumam ser publicados em revistas, *sites*, enciclopédias e jornais.
- Geralmente são acompanhados de recursos visuais, como fotografias, ilustrações, gráficos, infográficos e tabelas, que ajudam a entender o texto.

Giramundo

Animais dispersores

Você leu no artigo de divulgação científica que alguns animais são dispersores, isto é, distribuem as sementes das plantas. Você sabe como isso acontece?

Leia o texto a seguir.

Como os animais espalham as sementes

Muitos animais comem plantas com sementes. As sementes não digeridas saem com as fezes. Isso pode acontecer longe da planta que o animal comeu.

Macaco capuchinho comendo jaca.

Pássaro lugre comendo semente de girassol.

Pássaros recolhem sementes para comer. Às vezes eles as deixam cair enquanto voam, espalhando sementes bem longe.

140

Algumas sementes se prendem a animais e assim viajam para novos lugares.

As pessoas também ajudam a espalhar sementes.

Crianças que vivem no campo gostam de brincar com mamonas. Uma das brincadeiras é a guerra de mamona.

Jogando mamonas umas nas outras, elas espalham esses frutos. As sementes, que estão dentro das mamonas, vão formar novas plantas.

[...]

Às vezes, depois de comer uma maçã, jogamos na terra seu "miolinho"... Ele está cheio de sementes.

Em certas regiões, essas sementes podem crescer, formando macieiras.

[...]

Pequena enciclopédia da curiosidade infantil. São Paulo: Melhoramentos, 2010. p. 58-59.

Sementes de mamona.

1. Existem, ainda, outros agentes responsáveis pelo transporte das sementes. Vamos conhecer alguns deles?

   • Reúna-se com um colega.

   • No laboratório de informática ou na biblioteca da escola, façam uma pesquisa em enciclopédias impressas ou digitais sobre animais polinizadores e dispersores.

   • Registrem as descobertas para apresentar às outras duplas o resultado da pesquisa de vocês.

141

Com E ou I?

1. Complete os versos com as palavras que o professor vai ler. No final, escreva a resposta da adivinha.

   No liquidificador

   _____ fruto a _____ _____

   Com açúcar e com _____

   E a fraqueza ele _____,

   Pois é forte a vitamina

   Que se faz com o...

   _____

   Fábio Sombra. *Mamão, melancia, tecido e poesia*. São Paulo: Moderna, 2013. E-book.

   a) Com que letra terminam as palavras que você escreveu?
   b) Você ficou em dúvida se deveria usar **e** ou **i** no final de alguma palavra? Por quê?
   c) Circule a sílaba tônica das palavras que você escreveu no poema.
   d) As palavras que você escreveu são acentuadas?

   _____

   e) Qual é a posição da sílaba tônica nessas palavras?

   _____

   f) Como essas palavras se classificam quanto à posição da sílaba tônica?

   _____

142

2. Com que letra estas palavras terminam? Escreva.

caqu____   gib____   xix____   abacax____

a) Circule a sílaba tônica das palavras.

b) Qual é a posição da sílaba tônica nessas palavras?

_____

c) Como essas palavras se classificam quanto à posição da sílaba tônica?

_____

3. Procure em jornais ou revistas outras palavras não acentuadas para completar o quadro.

Paroxítonas terminadas em **e**	Oxítonas terminadas em **i**

4. Converse com os colegas e responda: Que regra você pode seguir quando estiver em dúvida se uma palavra não acentuada termina com **e** ou **i**?

_____

_____

_____

_____

143

Outra leitura

Leia o título do texto. Você já leu alguma história com uma minhoca como personagem principal? O que você sabe das minhocas?

Deu minhoca na história

Manhã clara, céu azul, a minhoca apareceu na janela do escritor. Passando pito:

– Você não acha que é hora de minhoca entrar em história?

O escritor ficou espantado:

– Minhoca em história?

– Claro! Todo mundo escreve história de coelho, tartaruga, urso, sei mais o quê. Pra minhoca ninguém liga.

O escritor reparou que a minhoquinha não era feia não. Num concurso de beleza, até que era capaz de ganhar pelo menos do rinoceronte ou do tamanduá. Quem sabe, mesmo do jacaré.

Vestido engomado, lação de fita na cabeça, a minhoca era bem engraçadinha!

– Muito bem – falou o inventor de histórias. – Pode começar a falar de você.

A minhoca começou então um blá-blá-blá que não tinha fim. Minhoca que sabe falar é um caso sério: não para nunca.

144

Por isso, o escritor resumiu numa ficha os dados mais importantes. Assim:

Nome: Finoca
Idade: 3 meses
Altura ou comprimento: 5 cm
Estado civil: solteira
Sexo: feminino

Finoca foi ficando entusiasmada.

De repente, já estava em cima do teclado do computador, ditando: "As minhocas são os bichos mais importantes do mundo".

– Essa não, Finoca. Não posso exagerar tanto, né? – falou o escritor.

– Exagerar? Até parece que você não sabe que nós, as minhocas, somos úteis...

– Sei que são – ele respondeu. – Para os pescadores, por exemplo, as minhoquinhas gordinhas são ótimas pra servir de isca.

145

Quando ouviu isso, Finoca tremeu que nem gelatina. Por pouco não despencou do teclado.

Ah! Por que falar em pescador, um assunto tão triste para minhocas?

Ainda bem que minhoca se recupera depressa dos sustos e chateações. Logo Finoca já estava contente outra vez.

– Sabe – disse ela –, o grande segredo das minhocas é saber fazer túneis subterrâneos.

– Túneis? Grande coisa... – respondeu o escritor. – Tatu também faz, homem também sabe.

Aí, a minhoca se esquentou:

– Túnel de minhoca só minhoca sabe fazer. Nem tatu, nem gente, nem ninguém. Só minhoca!

Parece que deu a louca na Finoca. Pulou de cabeça num vaso que estava na janela, como se estivesse mergulhando numa piscina.

Parecia uma pequena máquina de furar: fazia um buraquinho aqui, outro acolá, mergulhava, aparecia...

Quando saiu, estava bem sujinha.

Mas nem ligou. Aliás, ligou.

Ligou o ventilador e se colocou de frente pra ele.

Ideia genial pra minhoca suja de terra, mas muito desagradável para o escritor.

Que revolução no vaso! A terra estava fofinha, macia, cheia de buraquinhos.

Quando o escritor jogou um copo-d'água no vaso, a água penetrou pelos túneis subterrâneos e embebeu a terra. A plantinha do vaso é que gostou.

Finoca já sapecava no teclado:

Portanto, a minhoca é o bicho mais importante do mundo!

"E mais teimoso também", pensou o escritor, desistindo de discutir com ela.

Mas minhoca falante é um caso sério.

Finoca começou um discurso enorme sobre a importação de minhocas por países estrangeiros, sobre a importância delas na fertilidade da terra, e muitas e muitas outras coisas...

O escritor? Ele dormiu...

Quando acordou, Finoca já tinha ido embora, deixando um recado: "Amanhã eu volto".

Pois é, minhoca falante e que sabe escrever em computador é fogo!

E o escritor ficou pensando que já era hora mesmo de minhoca aparecer em história.

Elenice Machado de Almeida. *Fábulas fantásticas*. São Paulo: Sesi-SP, 2011. E-book.

1. O que será que vai acontecer quando a minhoca voltar no dia seguinte? Que tal criar no caderno uma continuação para essa história? Leia seu texto aos colegas.

147

Adjetivos

1. Releia esta frase do texto "Deu minhoca na história".

> O escritor reparou que a minhoquinha não era feia não. [...]

a) Como era a minhoquinha? Circule na frase acima.
b) Sem essa característica, você saberia como é a personagem? Comente com os colegas.
c) Se a minhoquinha "não era feia não", de que outra forma o trecho acima poderia ter sido escrito?

_____

2. Releia mais estes trechos.

> Manhã clara, céu azul, a minhoca apareceu na janela do escritor.

> Vestido engomado, lação de fita na cabeça, a minhoca era bem engraçadinha!

Que característica se refere a cada substantivo abaixo?

a) Manhã: _____

b) Céu: _____

c) Vestido: _____

d) Minhoca: _____

> As palavras que atribuem características aos substantivos são chamadas de **adjetivos**.

148

3. Leia este trecho de um conto.

João era um moço forte, bonito, inteligente, sutil e misterioso. Ele era perfeito. Bem, quase perfeito. João tinha uma esquisitice: só pensava por enigmas.

Um dia, conheceu uma princesa linda, charmosa, brilhante, faceira e divertida. Ela era perfeita. Bem, quase perfeita. Ela era muito, muito complicada...

[...]

Rosinha. *Adivinha só!* São Paulo: Editora do Brasil, 2012. p. 5.

a) Que características de João são citadas no trecho?

_____

_____

_____

b) E quais são as características da princesa?

_____

_____

_____

c) No trecho, a palavra "esquisitice" é um:

☐ substantivo. ☐ adjetivo.

d) Essa palavra é:

☐ masculina. ☐ feminina.

e) Que adjetivos do trecho acima poderiam caracterizar palavras tanto do gênero feminino quanto do masculino?

_____

Oralidade

Exposição oral

A personagem Finoca, da fábula "Deu minhoca na história", se considera o bicho mais importante do mundo, não é mesmo?

No entanto, você aprendeu que todas as espécies são importantes.

Escolha uma espécie e pesquise sua importância para o equilíbrio da Terra. Você vai dar uma aula sobre essa espécie aos colegas de turma.

A pesquisa pode ser feita em *sites*, enciclopédias, livros e revistas de divulgação científica.

Selecione os textos mais interessantes.

No espaço abaixo, faça um resumo dos textos que você selecionou.

_____
_____
_____
_____
_____
_____
_____

Elabore um pequeno roteiro para organizar sua fala, respondendo às perguntas:

- Que espécie você escolheu?
- Por que essa espécie é importante para o planeta?
- O que você pesquisou sobre essa espécie?
- Onde você fez essa pesquisa?

Use uma linguagem acessível, de fácil compreensão.

_____

_____

_____

_____

_____

_____

_____

Traga recursos visuais para mostrar aos colegas durante a apresentação: fotografias, ilustrações, tabelas, gráficos.

Você poderá utilizar diferentes suportes, como cartazes, *slides*, transparências, livros, revistas, *tablet* e *notebook*.

Agora, prepare-se para falar em público no dia da apresentação.

- Ensaie algumas vezes.
- Fale com um tom de voz adequado.
- Ouça com atenção a exposição dos colegas.
- Elabore perguntas para fazer a eles e anote o que você achar interessante.

Retomada

1. Leia o início de um artigo de divulgação científica.

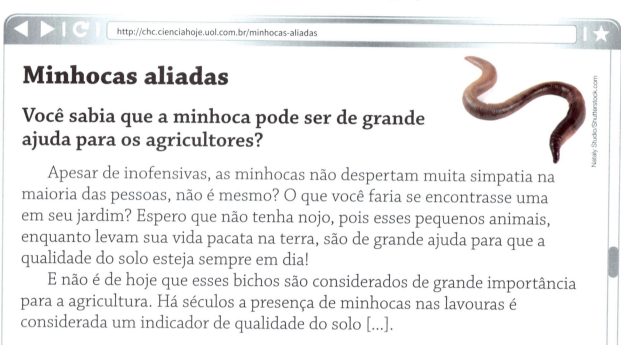

Minhocas aliadas

Você sabia que a minhoca pode ser de grande ajuda para os agricultores?

Apesar de inofensivas, as minhocas não despertam muita simpatia na maioria das pessoas, não é mesmo? O que você faria se encontrasse uma em seu jardim? Espero que não tenha nojo, pois esses pequenos animais, enquanto levam sua vida pacata na terra, são de grande ajuda para que a qualidade do solo esteja sempre em dia!

E não é de hoje que esses bichos são considerados de grande importância para a agricultura. Há séculos a presença de minhocas nas lavouras é considerada um indicador de qualidade do solo [...].

Gabriel Toscano. Disponível em: <http://chc.cienciahoje.uol.com.br/minhocas-aliadas>. Acesso em: 27 jul. 2017.

a) Quem escreveu esse artigo?

_____

b) Onde ele foi publicado?

_____

c) Qual é o assunto do artigo?

_____

d) Explique o título.

_____

_____

_____

2. Com **E** ou **I**? Marque **X** na tabela.

Palavra	E	I
caqu◆		
abacat◆		
kiw◆		
sapot◆		

Palavra	E	I
peix◆		
abacax◆		
azeit◆		
lanch◆		

3. Reescreva as palavras da atividade 2 separando-as em duas colunas. Circule a sílaba tônica e dê um título a cada coluna.

Palavras paroxítonas/ terminadas em e	Palavras oxítonas/ terminadas em i

4. Leia as palavras em voz alta. Depois, pinte-as com as cores da legenda.

■ ações no presente   ■ ações no passado

| vence | corri | agradece | corre |
| venci | aprende | agradeci | aprendi |

• O que você observou quanto ao uso de **e** e **i** nesses verbos?

153

Periscópio

📖 Para ler

Enciclopédia maluca, de Adrienne Barman. São Paulo: WMF Martins Fontes, 2015.
Uma enciclopédia original e divertida para quem gosta de aprender por meio de curiosidades intrigantes. A autora apresenta uma visão da fauna e dos seres lendários e mitológicos que agitam nossa imaginação.

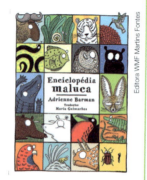

Dinos do Brasil, de Luiz Eduardo Anelli. São Paulo: Peirópolis, 2012.
Você acredita que os dinossauros ainda estão por aí? Nesse livro – que foi altamente recomendado para crianças – você vai saber como os paleontólogos descobriram a forma e o tamanho de 23 dinossauros brasileiros.

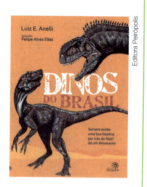

A sementinha bailarina, de Iza Ramos de Azevedo Souza. São Paulo: Editora do Brasil, 2009.
A história das sementinhas que estavam esperando pelo vento – que as levaria ao chão para germinarem – mas têm seu destino mudado e devem lutar pela própria sobrevivência.

👆 Para acessar

Projeto Tamar: Esse projeto busca conhecer e preservar as tartarugas marinhas, permitindo que a reprodução e o ciclo de vida desses animais ocorram com segurança.
Disponível em: <www.tamar.org.br>. Acesso em: 27 jul. 2017.

UNIDADE 6
Propagandas para convencer

1. Recorte as peças da página 251 do **Material complementar** para formar uma imagem divulgada no *site* Movimento Infância Livre de Consumismo. Esse movimento incentiva o debate sobre a influência da propaganda na educação das crianças.

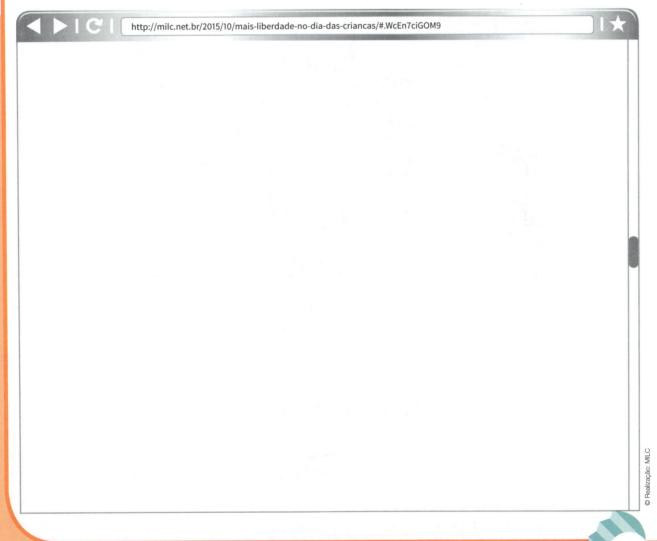

© Realização: MILC

Antes de ler

1. Observe as imagens.

Campanha do Metrô de São Paulo, 2016.

Anúncio publicitário de uma rede de sacolão, 2016.

- O que as imagens mostram?
- Onde você já viu imagens parecidas com essas?
- Para que elas servem?
- Em sua opinião, o que cada uma dessas imagens quer comunicar ao leitor?
- Quais desses textos pode despertar o interesse das pessoas em seguir a ideia anunciada?

Leitura 1

Os *outdoors* abaixo fizeram parte de uma campanha criada por uma empresa que cuida de rodovias no Paraná em comemoração aos 60 anos de existência do Parque Estadual de Vila Velha. Eles foram colocados em uma rodovia que dá acesso ao parque e destacam a presença de animais silvestres, como a capivara, a jaguatirica e o cateto.

Outdoor é um painel instalado em local de grande visibilidade para divulgação de produtos, ideias ou serviços.

158

1. Responda.

a) Onde os *outdoors* foram instalados?
_____

b) Quem é responsável pela instalação?
_____

c) Essa empresa cuida de rodovias de qual estado do Brasil?
_____

d) Por que os *outdoors* foram colocados nesse lugar?
_____
_____

e) Os *outdoors* são grandes ou pequenos?
_____

f) Por que eles têm esse tamanho?
_____
_____
_____

> Chama-se **propaganda** a mensagem publicitária divulgada por uma empresa ou instituição anunciante que tem o objetivo de convencer o leitor a concordar com a ideia veiculada. Normalmente ela é composta de linguagem verbal (os textos) e linguagem não verbal (as imagens).

2. Reveja as propagandas divulgadas nos *outdoors*.

a) O que é mostrado nas imagens?

_____

_____

b) Essas propagandas se dirigem a que público?

_____

_____

c) O texto das propagandas pretende convencer as pessoas a:

☐ visitar o parque.

☐ preservar o meio ambiente.

☐ observar a presença de animais na rodovia.

d) Por que foram usadas as palavras **nosso** e **nossa** nessas propagandas?

_____

_____

_____

Para saber mais

Parque Estadual de Vila Velha

O Parque Estadual de Vila Velha fica localizado no município de Ponta Grossa, no estado do Paraná.

Ele foi criado em 1966 para proteger as formações rochosas que foram esculpidas naturalmente pela ação do vento e da chuva.

Mapa político do Brasil

Fonte: *Atlas geográfico escolar*. 7. ed. Rio de Janeiro: IBGE, 2016. p. 90.

Formação rochosa que lembra um camelo. Parque Estadual de Vila Velha, em Ponta Grossa (PR).

Formação rochosa que lembra uma bota. Parque Estadual de Vila Velha, em Ponta Grossa (PR), 2013.

Formação rochosa que lembra uma taça. Parque Estadual de Vila Velha, em Ponta Grossa (PR), 2015.

O parque também abriga mais de 300 espécies de mamíferos, pássaros e répteis.

Estudo da língua

Verbos no modo imperativo

1. Releia estes textos das propagandas.

> Cuide do nosso espaço. Seja amigo da natureza.
>
> Preserve o meio ambiente. E respeite os animais.

a) Circule os verbos.

b) Os verbos indicam:

☐ quem faz a ação.

☐ a ação que deve ser feita.

c) Esses verbos foram empregados para:

☐ dar ordens. ☐ fazer pedidos.

Cuide, **preserve**, **respeite** são formas verbais no modo **imperativo**.

Os verbos são usados no modo imperativo para dar ordens, fazer pedidos, sugerir, aconselhar, instruir, orientar.

---

2. Leia esta tirinha.

Mauricio de Sousa. *Almanaque do Chico Bento*. Barueri: Panini, n. 40, p. 82, ago. 2013.

162

a) Quem são os personagens da tirinha?

b) Conte aos colegas o que você sabe desses personagens.

c) De que modo as características desses personagens são representadas na tirinha?

d) Você compreendeu a fala do Chico Bento?

e) Na tira, Chico Bento:

☐ faz um pedido a Zé Lelé.

☐ dá uma ordem a Zé Lelé.

3. Leia esta propaganda e responda oralmente.

Cartaz da campanha de brinquedos do Exército de Salvação, 2015.

a) Qual é a instituição anunciante?

b) Qual é o objetivo da propaganda?

c) Que verbo faz um apelo para que os leitores participem da campanha?

d) Que argumento pretende convencer o público a fazer a doação?

163

Estudo da escrita

Til, M e N

1. Leia o texto a seguir.

Abracadabra®!

Poção instantânea em vários sabores. Abracadabra fica pronta num susto!

À venda nos deliciosos sabores: fígado de planta carnívora, glúteos de minhoca, bigodes de cobra e o novíssimo sobrancelhas de salamandra.

Para a bruxa moderna que não pode perder tempo em frente ao caldeirão, Abracadabra® é a solução... em forma de poção!

Maria Amália Camargo. *Simsalabim*. São Paulo: Caramelo, 2013. p. 8.

a) Qual é a finalidade da propaganda?
b) O que está sendo anunciado?
c) A que público se destina?
d) Como a propaganda tenta convencer esse público a comprar o produto?
e) O que essa propaganda tem de diferente das outras que você conheceu nesta unidade? E de semelhante?

2. Reúna-se com um colega. Releiam o texto em voz alta e localizem as palavras que têm som nasal.

   a) Copiem essas palavras.

   _____

   _____

   b) Contem aos colegas o que vocês observaram para identificar o som nasal.

> O **til** (~) é um sinal gráfico usado sobre as vogais **a** e **o** para indicar som nasal.
>
> Vogais seguidas de **m** ou **n** na mesma sílaba também representam sons nasais.

3. Você sabe explicar por que a palavra **tempo** é escrita com **m**? Converse sobre isso com os colegas e pensem juntos em uma resposta. Deem outros exemplos.

   _____

   _____

 Jogo de palavras

1. Escreva em seu caderno palavras com **m** ou **n** em final de sílaba usando as letras de cada quadro.
   Atenção: não vale acrescentar nem substituir letras.

   | A | O | B | M | N | Z | L | R | B | T | M |

   | A | O | M | R | B | S | N | M | G | E | J | L |

165

Leitura 2

O cartaz abaixo mostra uma propaganda criada para homenagear uma data importante. Leia o texto e descubra que data é essa.

Anúncio institucional pelo Dia Nacional da Luta das Pessoas com Deficiência.

Estudo do texto

1. Responda às perguntas.

    a) Que data importante é citada na propaganda?

    _____

    _____

    b) Que ideia a propaganda pretende veicular?

    _____

    c) Que frase faz um apelo para convencer o leitor a concordar com a ideia veiculada?

    _____

    d) Qual a importância de usar nessa propaganda a linguagem verbal e a linguagem não verbal?

    _____

    _____

    _____

    _____

    e) Onde o cartaz com a propaganda poderia ser afixado?

    _____

> As propagandas que divulgam ideias ligadas à cidadania, como a preservação ambiental, a inclusão social etc., são chamadas de **propagandas institucionais**.

167

2. Releia o texto principal da propaganda.

a) Que verbo aparece em destaque? Por quê?

_____
_____
_____
_____

b) O que significa a palavra **anda**? Por que você acha que essa palavra foi usada?

_____
_____
_____

c) A expressão **a gente** se refere a quem?

_____

d) Que palavra poderia ser colocada no lugar de **a gente**? Como ficaria o texto da propaganda?

_____
_____

e) O que significa "enxergar todos iguais"?

_____

_____

_____

3. Releia:

> Uma sociedade saudável sabe que todos são iguais e merecem as mesmas oportunidades.
> As pessoas com deficiência só precisam de respeito e isso quer dizer: MAIS ACESSIBILIDADE e MAIS PORTAS ABERTAS.
> Simples assim.

Por que algumas palavras estão destacadas em vermelho e com letras maiúsculas?

_____

_____

 O que aprendemos sobre...

Propaganda

- Propaganda é uma mensagem publicitária que tem o objetivo de convencer o leitor a concordar com a ideia veiculada. Ela utiliza dois elementos fundamentais: a linguagem verbal (o texto) e a linguagem não verbal (as imagens).

- A propaganda institucional divulga uma ideia de caráter social, capaz de influenciar, convencer o público a que se destina a ter determinado comportamento.

- As propagandas são veiculadas em meios de comunicação, como jornais, revistas, _sites_, rádio, televisão, ou em locais públicos, em suportes como cartazes, pôsteres e _outdoors_.

169

Outra leitura

Leia este trecho de uma história em quadrinhos.

[...]

Disponível em: <http://turmadamonica.uol.com.br/quadrinhos>. Acesso em: 19 set. 2017.

1. De acordo com a história em quadrinhos, quais são os direitos de todo cidadão?

2. O que as pessoas com algum tipo de deficiência podem fazer para que seus direitos sejam garantidos?

173

Relato de opinião

Leia o texto a seguir.

Dê a sua opinião!

Faça de conta que você trabalha no Conar (Conselho Nacional de Autorregulamentação Publicitária) e tem que dar sua opinião sobre estes três *slogans* publicitários para bombons, biscoitos e cereais. Você tem duas escolhas:

- Ser a favor.
- Pedir para mudar qualquer coisa na frase.

"Coma os bombons Delícia, porque são incrivelmente gostosos! Coma o dia inteiro, porque fazem bem à saúde."

[...]

"Quer ficar forte como um super-herói? Experimente os biscoitos Chocossuper!"

[...]

"Comer cereais Gostosura no café da manhã dá energia para jogar futebol!"

[...]

Alexia Delrieu e Sophie de Menthon. *A publicidade*. São Paulo: Ática, 2008. p. 54-55.

Slogan é um texto curto utilizado em campanhas publicitárias para lançar um produto ou uma marca.

Qual é **sua** opinião sobre esses *slogans* publicitários? Você concorda com as frases ou acha que elas devem ser modificadas?

Forme uma roda com os colegas e justifique sua opinião sobre os *slogans*.

Na sua vez, é importante:

- falar claramente para que todos possam ouvi-lo;
- não ter vergonha de expor sua opinião;
- deixar claro se concorda ou não com a opinião dos colegas;
- justificar seu ponto de vista. Você pode usar expressões como: "na minha opinião... porque..., eu acredito que... porque...".

Ao ouvir os colegas, é importante:

- respeitar a opinião e a justificativa de cada um;
- não interromper o colega que estiver falando;
- prestar atenção ao ponto de vista que o colega defende;
- levantar a mão se quiser pedir algum esclarecimento ou fazer algum comentário.

Produção de texto

Propaganda institucional

Reúna-se com três ou quatro colegas para criar uma propaganda que será exposta em um cartaz no mural da escola.

Planejamento

O tema é livre, mas vocês podem escrever, por exemplo, sobre alimentação saudável ou trabalho infantil.

1. Decidam em grupo qual será o tema do cartaz.
2. Busquem informações sobre o tema em livros, revistas, *sites*.
3. Revejam as frases das propagandas que vocês leram nesta unidade. Lembrem-se: o texto deve ter frases curtas e criativas para chamar a atenção.
4. Utilizem verbos no modo imperativo para exprimir apelo ou comando.
5. A linguagem deve ser adequada ao público que vai ler a propaganda; usem palavras que demonstrem proximidade com esse público.
6. Decidam quais imagens poderão ilustrar o cartaz.
7. Pensem como ficará a distribuição do texto e das imagens. Lembrem-se de que as letras devem ser grandes e as imagens, atrativas.

Escrita

Utilizem o espaço abaixo para fazer um rascunho do cartaz.

Revisão e reescrita

Revisem o texto com a ajuda do professor.

Utilizem seus conhecimentos de ortografia.

Edição

Passem o texto a limpo em folhas de cartolina. Se acharem que o espaço de uma folha não é suficiente, utilizem duas ou mais.

1. Leia esta propaganda.

> **AS PESSOAS ESTÃO CHEGANDO MAIS CEDO AO TRABALHO. ALGUMAS ATÉ ANTES DE CRESCER.**
>
> O maior motivo para que tantas crianças brasileiras em idade escolar não frequentem a escola é o trabalho infantil. No Brasil, um milhão de meninos e meninas trocaram os estudos pelo trabalho. O Unicef ajuda a levar essas crianças e adolescentes de volta às salas de aula. Mas para isso precisa do seu apoio. Se você conhece algum caso de exploração do trabalho infantil, denuncie.
>
> VEJA COMO AJUDAR NO SITE WWW.UNICEF.COM.ORG.BR

Campanha de Combate ao Trabalho Infantil para o Fundo das Nações Unidas para a Infância (Unicef).

a) Quais objetos são mostrados na propaganda?

_____

_____

b) Que objeto aparece em destaque?

_____

_____

c) Por que esse objeto foi colocado na imagem?

_____

_____

_____

d) O que você entende do texto "As pessoas estão chegando mais cedo ao trabalho. Algumas até antes de crescer."?

_____

_____

_____

e) Essa propaganda procura convencer as pessoas a fazer o quê?

_____

_____

f) Qual verbo, no modo imperativo, foi empregado para fazer esse apelo?

_____

179

Construir um mundo melhor

Feira de troca de brinquedos

Você sabia que trocar um brinquedo pode ser muito mais divertido do que comprar um novo?

Além de fazer novos amigos, você aprende a cuidar melhor do brinquedo, exercitar o desapego e a negociação, refletir sobre consumo.

Existem *sites* e aplicativos criados para fazer trocas de brinquedos, jogos, livros e fantasias. Se for possível, acesse estes:

- **Quintal de trocas**: <www.quintaldetrocas.com.br/>;
- **Brincou trocou**: <www.brincoutrocou.com.br/>;
- **Feira de trocas de brinquedos**: <http://feiradetrocas.com.br/>.

O que fazer

Você e os colegas vão organizar uma feira de troca de brinquedos em algum local que possa ser visitado pelas crianças do bairro onde fica a escola. Pode ser uma praça, um condomínio, um parque, uma ONG.

Como fazer

1. Para começar, escolham o local onde a feira acontecerá.
2. Definam o dia e o horário do evento.
3. Divulguem o evento espalhando cartazes na escola e nos estabelecimentos comerciais do bairro para atingir o maior número possível de pessoas.

Dia da feira de trocas

1. Colem uma etiqueta em cada brinquedo, com o nome da criança que o trouxe.
2. Coloquem os brinquedos em uma mesa ou no chão, sobre um lençol, por exemplo.
3. Orientem as crianças a observar os brinquedos que gostariam de ter e a conversar com o dono do brinquedo, sugerindo a troca.
4. Fotografem o evento. Recolham depoimentos de pessoas que participaram. Façam vídeos. Peçam às crianças que desenhem seus novos brinquedos.

Lembrem-se de deixar o espaço limpo e organizado quando a feira terminar.

Se sobrarem brinquedos no final da feira, eles podem ser doados a alguma instituição.

Como divulgar

Divulguem os resultados desse trabalho para estimular outras pessoas a fazer o mesmo. Vocês podem elaborar novos cartazes para afixar na escola e nos estabelecimentos comerciais.

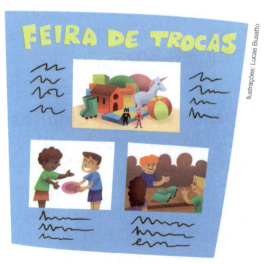

Ilustrações: Lucas Busatto

Periscópio

Para ler

Dudu da Breka, de Cláudia Cotes. São Paulo: Fundação Dorina Nowill para Cegos, 2010. Impresso em tinta e em braile com letras ampliadas e imagens em relevo, o livro pode ser lido por crianças cegas, com baixa visão e que enxergam. Conta a história de Dudu, menino cego desde o nascimento e que apronta várias travessuras.

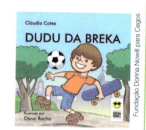

Eu preciso tanto!, de Shirley Souza. São Paulo: Escala Educacional, 2009.
Gabriela e Flávia são grandes amigas, mas um assunto tem complicado o relacionamento entre elas: o consumismo. Será que elas (e você também) precisam de tudo o que compram? Que tal pensar sobre isso?

Palavras que voam, de Rosi Vilas Boas, Cassiana Pizaia e Rima Awada. São Paulo: Editora do Brasil, 2016.
Conheça a história de Bruna, que é aluna nova na escola e ainda não conhece ninguém. Logo comentários maldosos começam a circular na internet. Bruna precisa de ajuda, mas se fechou para todos. O que fazer?

Somos todos extraordinários, de R. J. Palacio. São Paulo: Intrínseca, 2017.
A história de Auggie Pullman, um menino de 10 anos que tem uma deformidade facial, emociona e nos leva a pensar quão importante cada um é no mundo em que vivemos.

Dobre aqui, cole ali

1. Recorte as peças da página 253 do **Material complementar** e cole-as abaixo para completar o quebra-cabeça.

183

Antes de ler

1. Leia os textos 1 e 2.

Texto 1

Como fazer um quadrado e um retângulo com a folha

1. Dobre a ponta da folha na diagonal.

2. Alinhe a ponta com a lateral superior da folha e passe o dedo na dobra para vincar.

3. Recorte a folha como indicado.

4. Pronto! Você fez um quadrado e um retângulo.

Texto 2

Dália

Plantio em sementeira

Profundidade

Germinação (dias)

Altura para transplante

Adubação / m²

Preparo do solo

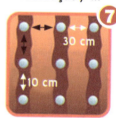
Espaçamento

Floração (dias)

- O que os textos têm de parecido?
- O que eles têm de diferente?
- Em quais atividades de seu dia a dia você precisa utilizar instruções?

Leitura 1

Você sabe fazer um porta-retratos?

Leia as instruções e observe as ilustrações.

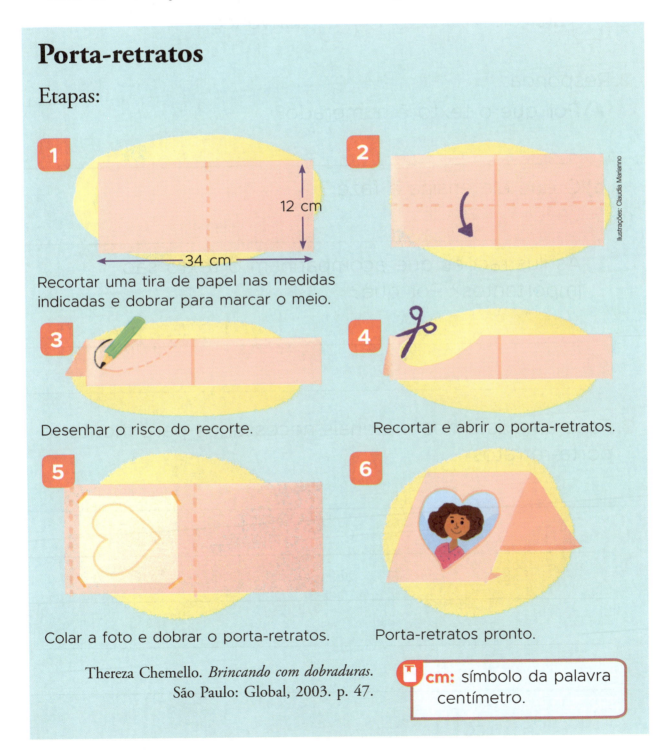

Porta-retratos

Etapas:

1. Recortar uma tira de papel nas medidas indicadas e dobrar para marcar o meio.
2.
3. Desenhar o risco do recorte.
4. Recortar e abrir o porta-retratos.
5. Colar a foto e dobrar o porta-retratos.
6. Porta-retratos pronto.

Thereza Chemello. *Brincando com dobraduras.* São Paulo: Global, 2003. p. 47.

cm: símbolo da palavra centímetro.

Estudo do texto

1. O texto da página anterior foi escrito para:

    ☐ informar.   ☐ instruir.

    ☐ alertar.   ☐ convencer.

2. Responda:
    a) Por que o texto é numerado?

    _____

    b) O que ele ensina a fazer?

    _____

    c) As ilustrações que acompanham o texto são importantes? Por quê?

    _____

    _____

3. Faça uma lista dos materiais necessários para montar o porta-retratos.

    _____

    _____

    _____

    _____

    _____

186

4. Observe novamente a instrução 1.

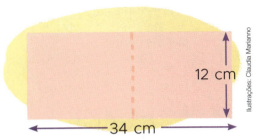

a) É possível utilizar uma régua de 30 centímetros para fazer as medições? Explique sua resposta.

_____

_____

b) É possível cortar uma tira com essa medida de uma folha de seu caderno? Explique.

_____

_____

5. Observe novamente a instrução 2.

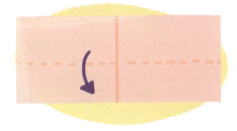

a) Por que você acha que não há uma instrução escrita nessa etapa?

_____

_____

b) Que instrução poderia ser escrita nesse caso?

_____

_____

187

6. Ligue as ilustrações ao que elas significam.

7. Releia as instruções.

> 1. Recortar uma tira de papel nas medidas indicadas e dobrar para marcar o meio.
> 3. Desenhar o risco do recorte.
> 4. Recortar e abrir o porta-retratos.
> 5. Colar a foto e dobrar o porta-retratos.

a) Circule os verbos.

b) Como ficaria o texto se os verbos estivessem no modo imperativo?

_____
_____
_____
_____
_____

> Os textos instrucionais explicam como usar algo, como agir, como jogar um jogo, como executar determinada tarefa.

Verbos no infinitivo

1. Leia estes verbetes.

> **entrevistar** en.tre.vis.tar *vb.* **1** Alguém entrevista uma pessoa quando faz perguntas a ela, para conseguir informações ou para saber sua opinião sobre um assunto [...]: *Foi o primeiro a entrevistar o candidato vencedor.* **2** Uma pessoa entrevista outra quando conversa com ela para trocar informações ou para saber se ela tem capacidade para assumir determinado cargo [...]: *Entrevistou o candidato ao emprego.* [...] *Entrevistou-se com o diretor.*
> **entristecer** en.tris.te.cer *vb.* Entristecer alguém é fazê-lo ficar triste [...]: *A notícia o entristeceu.* [...] *Entristeceu-se com a nota baixa.*
> **entupir** en.tu.pir *vb.* **1** Entupir uma coisa é bloquear a passagem por ela [...]: *A sujeira entupiu o cano.* [...] *Entupiu o ralo com papéis amassados.* **2** Entupir uma pessoa é enchê-la de comida.
> [= empanturrar] [...]: *Entupiu as crianças de doce.* [...] *Entupi--me de feijoada.*

Caldas Aulete: dicionário escolar da língua portuguesa – ilustrado com a turma do Sítio do Pica-Pau Amarelo. São Paulo: Globo, 2009. p. 181.

a) Circule as entradas dos verbetes.

b) As entradas dos verbetes acima são:

☐ substantivos. ☐ adjetivos. ☐ verbos.

c) Como é a terminação dessas palavras?

2. Responda:

a) O que aparece logo após cada entrada de verbete?

_____

b) Como se classificam esses verbos quanto à posição da sílaba tônica?

_____

c) Você sabe o que significa "vb"?

_____

3. Complete as frases de acordo com os verbetes.

a) Encher alguém de alimento é o mesmo que:

_____

b) Fazer alguém ficar triste é o mesmo que:

_____

c) Fazer perguntas a uma pessoa para conseguir informações ou para saber sua opinião sobre um assunto é o mesmo que:

_____

> Nas entradas de verbetes, os verbos aparecem no infinitivo.
> No infinitivo, os verbos terminam em **-ar**, **-er**, **-ir** e **-or**. Exemplos: entrevistar, entristecer, entupir, pôr.

4. Você sabe como lavar as mãos corretamente? Observe as ilustrações da página ao lado e complete as instruções com os verbos do quadro.

esfregar	molhar	entrelaçar
aplicar	enxaguar	ensaboar

190

Como lavar corretamente as mãos

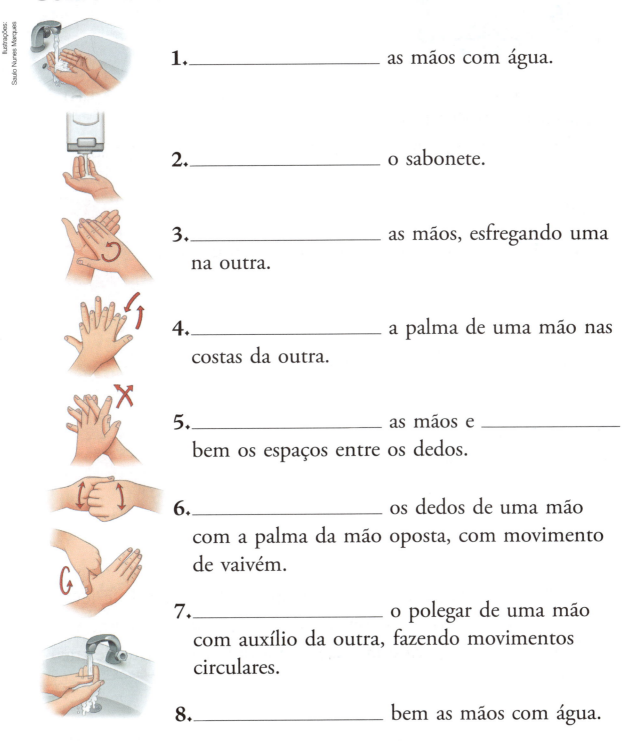

1. _____ as mãos com água.

2. _____ o sabonete.

3. _____ as mãos, esfregando uma na outra.

4. _____ a palma de uma mão nas costas da outra.

5. _____ as mãos e _____ bem os espaços entre os dedos.

6. _____ os dedos de uma mão com a palma da mão oposta, com movimento de vaivém.

7. _____ o polegar de uma mão com auxílio da outra, fazendo movimentos circulares.

8. _____ bem as mãos com água.

> Nas instruções, os verbos costumam estar no infinitivo ou no modo imperativo. Exemplos:
> **Molhar** as mãos com água. (infinitivo)
> **Molhe** as mãos com água. (modo imperativo)

Leitura 2

O texto a seguir ensina a fazer a dobradura de um pássaro chamado *tsuru*.

Observe as etapas ilustradas e leia as instruções.

Tsuru

Medida do papel: quadrado com 20 cm de lado.

1. Dobre a folha ao meio na diagonal.

2. Dobre a peça ao meio novamente, deixando a base maior para baixo.

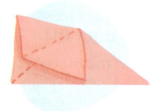

3. Levante a ponta direita do triângulo e leve-a para o canto oposto da peça, vincando bem. Vire a peça e faça a mesma dobra na parte de trás.

4. Posicione a peça com as pontas para baixo e dobre as porções laterais para a frente, acompanhando o vinco central. Vire a peça e repita o procedimento.

Ilustrações: Claudia Marianno

5. Dobre a ponta superior até o limite da marca horizontal proporcionada pelas dobras anteriores.

6. Abra a dobra do passo 4 e aperte a ponta para dentro, a fim de dar forma ao bico.

7. Leve a ponta inferior da peça para cima. Faça o mesmo do outro lado.

8. Leve as laterais inferiores para o centro pelo vinco central. Vire a peça e faça o mesmo do outro lado.

9. Levante a ponta direita da peça para formar o pescoço e faça uma dobra para compor o bico.

10. Dobre a outra ponta para cima a fim de dar formato ao rabo.

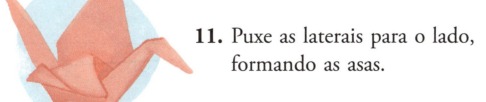

11. Puxe as laterais para o lado, formando as asas.

Livro de dobraduras. São Paulo: Nova Leitura, [s.d.]. p. 62.

Estudo do texto

1. Qual é o material necessário para fazer o *tsuru*?

_____

2. Para entender as instruções, é preciso ter noções de Geometria. Com uma régua, desenhe um quadrado de 4 centímetros de lado e faça nele:

a) um traço diagonal;
b) um traço horizontal;
c) um ● no centro;
d) um ● na ponta superior esquerda;
e) um ● na ponta inferior direita.

3. Releia a instrução a seguir.

> **3.** Levante a ponta direita do triângulo e leve-a para o canto oposto da peça, vincando bem. Vire a peça e faça a mesma dobra na parte de trás.

a) O que é um triângulo?

_____

b) Em "leve-**a**", a palavra destacada refere-se a quê?

_____

c) A palavra "vincando" é um substantivo, um verbo ou um adjetivo?

_____

d) De que forma essa palavra deve ser procurada no dicionário? O que ela significa?

_____

194

4. Releia estas instruções.

> **6.** Abra a dobra do passo 4 e aperte a ponta para dentro, **a fim de** dar forma ao bico.
>
> **10.** Dobre a outra ponta para cima **a fim de** dar formato ao rabo.

a) Que palavra poderia substituir "passo" na instrução 6?

_____

b) Que palavra poderia substituir as expressões destacadas nos trechos?

_____

5. Releia a instrução a seguir.

> **9.** Levante a ponta direita da peça para formar o pescoço e faça uma dobra para compor o bico.

Circule os verbos que estão no modo imperativo e sublinhe os verbos que estão no infinitivo.

 O que aprendemos sobre...

Texto instrucional

- Geralmente, as instruções nesses textos são acompanhadas de palavras e imagens que ilustram o passo a passo da atividade a ser realizada.
- Há números, em geral, para indicar a sequência em que as etapas devem ser seguidas.
- Os verbos costumam estar no modo imperativo ou no infinitivo.

Estudo da escrita

Palavras com LH, NH, CH

1. Leia um trecho do livro *A menina de nome enfeitado*.

[...]

— Entendi. Nha... lha... nho... lho... Tem muita palavra que precisa desse **h** de qualquer jeito.

— Estou orgulhosa de você. Sem o **h** eu teria que ficar orgulosa.

— Gulosa, eu é que sou. Quero comer sua broa de milho. Epa, taí o **h** de novo!

— Maravilha de menininha esperta essa minha sobrinha!

— O **h** de novo, tia. Você teria que dizer: maravila e meninina. E eu seria a sua sobrina. Que esquisito! Não tem jeito, precisamos desse **h**. Mas uma coisa que ainda não entendi: o que o **h** faz no meu nome? Natália sem **h** e com **h** dá no mesmo.

— Isso é verdade. Foi porque seu pai quis enfeitar o seu nome.

[...]

Míriam Leitão. *A menina de nome enfeitado*. Rio de Janeiro: Rocco Digital, 2014. E-book.

a) Que personagens dialogam no trecho acima?

___

b) Qual é o assunto dessa conversa?

___

c) O que esse trecho tem a ver com o título do livro?

_____

d) Que palavras do texto são escritas com a letra **h**?

_____

2. Escreva uma frase que contenha várias palavras com **h**.

_____

_____

a) Leia para os colegas a frase que você escreveu.
b) Como ficaria a frase se o **h** não existisse nessas palavras?

3. Pesquise em jornais e revistas palavras com sílabas que contenham **lh**, **nh** ou **ch**. Copie-as nos quadros.

LH	NH	CH

• Leia para os colegas as palavras que você escreveu.

> A letra **h**, quando combinada com **c**, **l** ou **n**, forma os grupos **ch**, **lh** e **nh**. Esses grupos representam sons diferentes das letras **c**, **l** e **n** (sem o **h**).

197

Formação de palavras

1. Releia este trecho do livro *A menina de nome enfeitado*.

> – Estou **orgulhosa** de você. Sem o **h** eu teria que ficar orgulosa.
> – **Gulosa**, eu é que sou. Quero comer sua broa de milho. [...]

a) Você sabe o significado das palavras destacadas? Se precisar, consulte o dicionário.

b) Leia:

orgulho – orgulhosa   gula – gulosa

- Que elemento foi acrescentado a essas palavras para dar a elas o sentido de "cheio de"?

_____

c) Acrescente **oso** ou **osa** para formar outras palavras.

gosto – _____   fama – _____

cuidado – _____   sabor – _____

mal – _____   bom – _____

2. Releia outro trecho do livro.

> – Maravilha de menininha esperta essa minha sobrinha!

a) Circule a palavra do trecho acima que está no diminutivo.

b) Como ficaria a frase se essa palavra não estivesse no diminutivo?

_____

_____

198

c) Por que será que a autora do texto preferiu usar a palavra no diminutivo?

_____

d) Escreva outras palavras no diminutivo terminadas em **inho** e **inha**.

_____

_____

_____

3. Leia a tirinha.

Ziraldo. *As melhores tiradas do Menino Maluquinho.*
São Paulo: Melhoramentos, 2005. p. 45.

As festas são um bom lugar para conhecer gente nova? Você concorda com o Menino Maluquinho ou com o Junim? Por quê?

4. Escolha uma palavra do quadro para completar a frase.

sinônimo   antônimo

Desconhecido é _____ de conhecido.

• Que elemento da palavra **desconhecido** dá a ela um sentido contrário?

_____

199

5. Forme antônimos das palavras dadas.

a) ligar – _____   c) carregar – _____

b) fazer – _____   d) montar – _____

6. Leia outra tirinha.

NUNCA MAIS BRINCO DE ESCONDE-ESCONDE COM AMIGO INVISÍVEL.

Jean Galvão. *Recreio Especial: Tirinhas*, São Paulo: Abril, n. 389, [s.d.].

a) Você sabe brincar de esconde-esconde?

b) Que palavra da tirinha significa algo que não pode ser visto?

7. Observe o exemplo e continue a atividade.

visível – **invisível**

a) fiel – _____   e) capaz – _____

b) adequado – _____   f) ativo – _____

c) conformado – _____   g) utilizar – _____

d) disciplinado – _____   h) comum – _____

• Ao acrescentar **in** nessas palavras, formamos:

☐ antônimos.   ☐ sinônimos.

Outra leitura

Você sabia que o *tsuru* é considerado um pássaro sagrado? Leia algumas histórias sobre ele.

http://waau.com.br/as-historias-por-tras-do-tsuru

As histórias por trás do *tsuru*, o pássaro sagrado japonês

[...]

Nossa primeira história, na verdade, trata de uma lenda milenar segundo a qual um *tsuru* é capaz de viver até 1000 anos e quando alguém dobra 1000 origamis com seu formato, mentalizando um desejo, esse desejo torna-se realidade.

Tsurus de origami com papéis de estampas diversas.

A segunda história mistura esta lenda com um fato real. Quando correu assustada em meio a uma nuvem negra, Sadako Sasaki tinha apenas 2 anos e não fazia ideia do que lhe esperava. Era 6 de agosto de 1945 e a cidade era Hiroshima, no Japão. Ao que tudo indicava, a menina tinha saído ilesa daquele dia. Dez anos se passaram para que ela tivesse o primeiro sintoma de leucemia, em consequência da radiação. Internada no hospital, ela recebeu a visita do melhor amigo. Ele a presenteou com uma dobradura que ele mesmo fez no formato de pássaro e contou-lhe sobre a lenda dos mil *tsurus*.

Sadako estava decidida. Iria fazer os mil *tsurus*, desejando a sua recuperação. A doença, no entanto, não dava tréguas. Mesmo cada vez mais debilitada, ela não se entregava e continuava a dobrar lentamente os pássaros. Ao perceber que sua doença era fruto da guerra, ela passou a desejar também a paz para toda a humanidade. Seu sonho era que nenhuma criança mais tivesse que sofrer algo assim. Sadako montou seu último *tsuru*, o de número 644, na manhã de 25 de outubro de 1955. Tocados pela história, seus colegas dobraram os 356 origamis restantes. Todos os mil foram enterrados com ela. Os colegas não pararam por aí. Eles formaram uma associação e iniciaram uma campanha para construir um monumento em memória à Sadako e a todas as crianças mortas e feridas pela guerra. Em 1958, foi erguido o "Monumento das crianças à paz", também conhecido como "Torre dos Tsurus", no Parque da Paz, em Hiroshima.

Monumento das Crianças à Paz, Hiroshima, novembro de 2015.

Ainda hoje, milhares e milhares de *tsuru* de papel colorido são enviados de toda parte do Japão e do mundo para Hiroshima todos os anos. Uma forma de dizer que o sonho de cada criança é importante e deve ser preservado.

A terceira história também é uma lenda japonesa. Conta-se que um camponês estava caminhando pela floresta, quando encontrou um *tsuru* agonizando. Ele o levou para casa e cuidou dele até que se recuperasse e o soltou. Um tempo depois, bateu na casa do camponês uma linda moça que lhe deu um belo tecido feito por ela, chamado de 1000 penas de *tsuru*. Muito pobre, o camponês acabou vendendo o tecido e ganhando muito dinheiro. Quando ele reencontrou a jovem, perguntou se ela poderia fazer-lhe outro tecido, pois ele estava precisando muito. A jovem concordou e dias depois lhe entregou o tecido. Ele agradeceu, mas percebeu que ela estava muito abatida e resolveu segui-la. Quando chegou na casa da jovem, viu um *tsuru*, quase sem penas. Era o mesmo que ele salvara anteriormente. Quando ele se aproximou, o *tsuru* se transformou na jovem. Ela olhou para o camponês com docilidade e gratidão, mas caiu sobre os seus braços já sem forças. Entristecido, o camponês passou a dobrar *tsurus* de papel, como forma de se desculpar pela ganância e agradecer ao *tsuru* pela sua generosidade.

E, para completar, a quarta história foi a da holandesa Mariëlle. Uma iniciativa recente que comoveu muitas pessoas. Sua ação não tem uma ligação direta com as lendas, mas ainda traz a mensagem de paz e felicidade. Após retornar de um trabalho voluntário na Índia, ela se viu perdida em seu próprio país e decidiu fazer algo para se reconectar àquelas pessoas. Ela resolveu dobrar 1000 *tsurus* e oferecê-los a 1000 estranhos como uma forma de mostrar que se importa com eles e alegrar seus dias. [...]

Paz, longevidade, sorte, prosperidade, felicidade, esperança, realização dos sonhos, carinho, gratidão e gentileza: todos esses significados estão associados aos *tsurus*.

[...]

Mariëlle van Aart-Coppes com *tsurus* de dobradura de diversas cores, 2012.

Dani Brandão. Disponível em: <http://waau.com.br/as-historias-por-tras-do-tsuru>.
Acesso em: 9 ago. 2017.

- Você já conhecia alguma dessas histórias do *tsuru*?
- Qual delas lhe chamou mais a atenção? Por quê?
- Que tal fazer um *tsuru* e oferecê-lo a alguém? Quem será essa pessoa?
- Que mensagem você pretende transmitir a ela?

Tutorial

Observe estes brinquedos feitos com sucata.

Brinquedos e instrumentos musicais feitos de materiais reaproveitados.

Planejamento

Imagine que você vai apresentar aos alunos de uma turma da escola as instruções de montagem de um dos brinquedos mostrados nas fotografias da página anterior.

Responda no caderno a algumas questões sobre sua apresentação.

- Para que apresentar a alguém instruções de montagem de um brinquedo?
- Você vai falar de um assunto que já foi discutido na aula ou é um tema novo?
- Quem será o público ouvinte?
- O que os ouvintes sabem do tema da apresentação?
- O que você pode fazer para manter os ouvintes interessados na apresentação?
- Que linguagem você vai utilizar para que todos entendam o que você diz?
- Como você vai realizar essa apresentação? Vai usar ilustrações, fotografias, cartazes ou outro recurso visual?
- Você poderá fazer algum gesto, sinal ou expressão facial durante a apresentação?
- Que postura do corpo é adequada para essa prática oral?
- Quanto tempo você tem para fazer essa apresentação?
- O que é muito importante falar?
- Como você vai começar?
- Como vai terminar?

Leia para os colegas as respostas que você escreveu.

Ouça com atenção o que eles poderão comentar.

206

Preparação

Agora vamos colocar em prática o que você escreveu no caderno.

1. Escolha um dos brinquedos mostrados nas fotografias e observe como ele é feito.

2. Separe o material necessário para confeccioná-lo.

3. Pense nas instruções que você precisa dar para montá-lo.

4. Anote no caderno algumas informações importantes para sua apresentação.

Ensaio

Faça alguns ensaios em casa, falando em voz alta as instruções e demonstrando suas ações com os materiais de sucata.

Se quiser, pode gravar um vídeo de sua fala com a ajuda de uma pessoa da família.

Apresentação

O professor vai convidar alunos de outras turmas para assistir às apresentações.

Na sua vez, lembre-se de:

- falar em voz alta e clara;
- olhar para o público ouvinte;
- permitir que todos vejam os materiais que você está utilizando.

Brinquedos feitos com tampas de garrafa PET.

Durante a apresentação dos colegas, lembre-se de ficar em silêncio e prestar atenção.

Produção de texto

Instrução de montagem

Nesta unidade, você leu vários textos instrucionais.

Chegou sua vez de escrever instruções para a montagem de um brinquedo de sucata.

O texto instrucional e os materiais necessários para confeccionar o brinquedo serão colocados em um envelope ou em uma sacola reciclável e doados a uma instituição que cuida de crianças carentes.

Mãos à obra!

Planejamento

O professor vai organizar a turma em grupos.

Cada grupo deverá escolher um brinquedo.

Pesquisem um brinquedo de sucata que poderia ser confeccionado.

Escrita

Escrevam a lista de materiais e as instruções de montagem do brinquedo em uma folha de papel. Vocês também podem digitar o texto e imprimi-lo.

Montagem

Troquem o texto de vocês com o de outro grupo.

Separem o material necessário para fazer o brinquedo.

Sigam as instruções e fotografem cada etapa da confecção ou façam desenhos.

Revisão

Considere as seguintes questões:

- As instruções que os colegas escreveram orientam de forma correta a montagem do brinquedo?
- Vocês gostariam de fazer correções no texto?
- Eles prepararam uma lista dos materiais necessários?
- Escreveram as instruções na sequência correta em que elas devem ser realizadas?
- Numeraram as etapas?
- Utilizaram os verbos no modo imperativo ou no infinitivo?

Reescrita

Devolvam o texto com as sugestões de alteração ao grupo. Entreguem também as fotografias e/ou desenhos que eles fizeram.

Edição

Passem a produção a limpo, usando a folha do **Material complementar**, página 255. Considerem o que os colegas apontaram no texto de vocês. Lembrem-se de incluir as imagens.

Coloquem também o nome dos integrantes do grupo no final da folha.

Finalização

Organizem as sacolinhas que serão doadas à instituição que cuida de crianças carentes, com o brinquedo e as instruções de montagem.

Retomada

1. Observe as ilustrações e escreva as instruções usando verbos no infinitivo.

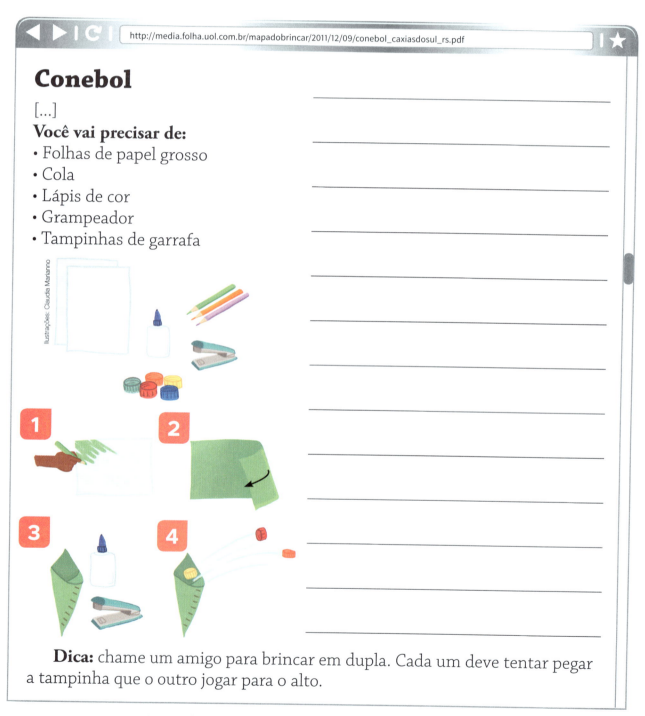

Mapa do Brincar. *Folhapress*. Disponível em: <http://media.folha.uol.com.br/mapadobrincar/2011/12/09/conebol_caxiasdosul_rs.pdf>. Acesso em: 5 ago. 2017.

2. Papel semente é um papel reciclado que recebe sementes em sua fabricação. Leia as instruções.

Disponível em: <www.seedpaper.com.br/>. Acesso em: 10 abr. 2018.

a) O que as palavras em azul indicam?

b) Observe o que está destacado em cada item e escreva a que se refere.

Plante-**o** em terra fértil.

_____

Regue todos os dias e, após 20 dias, **ele** germinará.

_____

Obrigado, você está contribuindo para o **nosso** planeta.

_____

c) Copie verbos do texto:

- no modo imperativo – _____
- no infinitivo – _____
- no tempo futuro – _____

211

Periscópio

📖 Para ler

Fábrica de brinquedos, de Ricardo Girotto. São Paulo: Girassol, 2016.
A proposta desse livro é ensinar a fazer brinquedos relacionados a datas comemorativas do nosso calendário. Com fotografias e o passo a passo, vai ser fácil entrar no mundo da fantasia.

Manual dos índios do Papa-Capim, de Mauricio de Sousa. São Paulo: Globo, 2014.
Aprenda costumes, brincadeiras, músicas e danças desses povos. E que tal aprender também a fazer boneca de palha, pião e peteca?

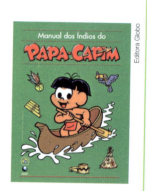

501 atividades para crianças longe da TV, de Di Hodges. Campinas: Girassol, 2014.
Ideias para brincar dentro e fora de casa que abrangem diversas áreas do conhecimento; um livro repleto de atividades para diferentes faixas etárias. Um jeito de usar o tempo com criatividade e alegria.

UNIDADE 8
Diferentes mensagens

1. Descubra no diagrama 12 palavras relacionadas à comunicação.

```
D E S T V E J U G C T V
I D T E L E F O N E C I
B A P R T Z R O N L I P
R E C A D O T R Á D I O
O B E N V V Á E C I N L
R E V I S T A L N L T H
P Á I L X S V A V H S E
Ó Ê S O A B I L H E T E
R Q H T T E O R N E N A
J O R N A L O A V I S O
I T A M E I L U E G E I
T A J T E L E G R A M A
E P F I D C E L U R A R
C I N E M A B U I I I N
I O T I S V V V Á E I S
P G T E L E V I S Ã O R
A U T I S V V U É E I S
L I N T E R N E T C I A
O I B U I L A R J A T U
I C E L U L A R L E F I
```

213

Antes de ler

1. Leia esta história em quadrinhos.

Ziraldo. Endereço certo. *O Globo*, Rio de Janeiro, 30 nov. 2003. Globinho, p. 2.

- O que você acha que o Menino Maluquinho está fazendo?
- Por que o Menino Maluquinho pediu o endereço? Era mesmo necessário?
- De que forma podemos enviar mensagens escritas para outras pessoas?

214

Leitura 1

O texto a seguir foi publicado no livro *Bilhetes viajantes*. Nesse livro, o autor Paulinho Assunção apresenta várias correspondências de diferentes partes do mundo, sobre diversos assuntos.

Você vai ler um *e-mail* escrito por um menino irlandês. O *e-mail* foi traduzido para o português antes de ser entregue a um menino brasileiro da cidade de Cordisburgo, em Minas Gerais. Em seguida, verá a resposta do menino brasileiro ao irlandês.

Peter Pereira:

É verdade que existe aí na sua cidade um passarinho chamado manuelzinho da c'roa?

Se for verdade, dá para me mandar uma foto dele?

Eu tenho uma coleção de fotos de passarinhos do mundo todo e dizem que esse tal manuelzinho da c'roa é muito bonito.

Quem contou foi um amigo do meu pai que já leu um escritor daí da sua cidade chamado Guimarães Rosa.

O meu endereço é Joyce Ulysses Street, 16, Dublin, Irlanda.

Um grande abraço,

John

215

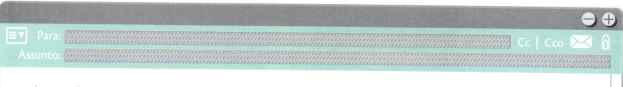

John, olá.

O manuelzinho da c'roa sumiu.
Eu só vi um, unzinho só, no ano passado, e ele estava sozinho na beira do rio.
Parece que era um macho.
Meu pai diz que o manuelzinho e outros passarinhos estão sumindo por causa dos desmatamentos.
Você sabe o que é desmatamento, né?
Desmatamento é derrubar árvore.
No lugar das árvores eles fazem pasto, lavoura ou plantam eucalipto.
Depois fazem carvão com o eucalipto.
É por isso que os passarinhos estão indo embora.
Não sei pra onde, mas eles estão indo embora.
Tico-tico também sumiu.
Tiziu também.
E sabiá só canta de vez em quando.
Mas, se eu conseguir uma foto do manuelzinho, eu te mando, tá?

Um abraço do
Pedro Pereira

Paulinho Assunção. *Bilhetes viajantes*. Belo Horizonte: Dimensão, 2012. p. 12 e 16.

SOBRE O AUTOR

Paulinho Assunção nasceu em São Gotardo, Minas Gerais, em 1951. Ele é jornalista e escritor. Para o público infantil, escreveu *Livro de recados*, *O nome do filme é Amazônia* (finalista do Prêmio Jabuti em 2010) e *Bilhetes viajantes*.

Estudo do texto

1. Converse com os colegas sobre as questões a seguir.
   a) Você sabe o que é um *e-mail*?
   _____

   b) Você já recebeu um *e-mail*?
   _____

   c) Alguém na sua casa recebe ou envia *e-mails*?
   _____

   d) Para que servem os *e-mails*?
   _____
   _____

2. Volte ao *e-mail* da página 217 e responda.
   a) Quem escreveu o *e-mail*?
   _____

   b) Para quem o *e-mail* foi escrito?
   _____

   c) Para que o *e-mail* foi escrito?
   _____

   d) Que despedida foi utilizada?
   _____

> *E-mail* é uma mensagem eletrônica escrita, enviada ou recebida por usuários de computador ou de celular que possuam internet.

3. Responda.

a) Que pedido John faz no *e-mail*?

_____

b) Por que ele faz esse pedido?

_____

_____

c) Por que o *e-mail* foi enviado a um menino da cidade de Cordisburgo?

_____

_____

4. Pedro escreveu uma resposta para John. O que ele explicou no *e-mail*?

_____

_____

_____

5. Releia este trecho do *e-mail* de Pedro.

> O manuelzinho da c'roa sumiu.
> Eu só vi um, unzinho só, no ano passado, e ele estava sozinho na beira do rio.

a) Que expressão é usada para reforçar a informação sobre a quantidade de passarinhos que Pedro viu?

_____

b) A que substantivo o pronome **ele** se refere?

_____

6. Releia mais estes trechos.

> Você sabe o que é desmatamento, né?

> Mas, se eu conseguir uma foto do manuelzinho, eu te mando, tá?

O que você observa em relação à linguagem utilizada?

7. Releia.

> Eu tenho uma coleção de fotos de passarinhos do mundo todo e dizem que esse tal manuelzinho da c'roa é muito bonito.

Batuíra-de-coleira, chamado de manuelzinho-da-crôa na obra *Grande Sertão: Veredas*, de Guimarães Rosa.

a) Consulte o dicionário. Uma coleção de fotografias chama-se:

☐ biblioteca. ☐ pinacoteca.

☐ fonoteca. ☐ fototeca.

b) Que expressão do trecho acima poderia ser substituída por "um certo"?

_____

c) O que essa expressão indica?

_____

d) O sinal que aparece na palavra "c'roa" chama-se **apóstrofo**. Ele indica que uma letra foi retirada. Que letra é essa?

_____

219

8. Observe as partes de um *e-mail* e de uma carta pessoal.

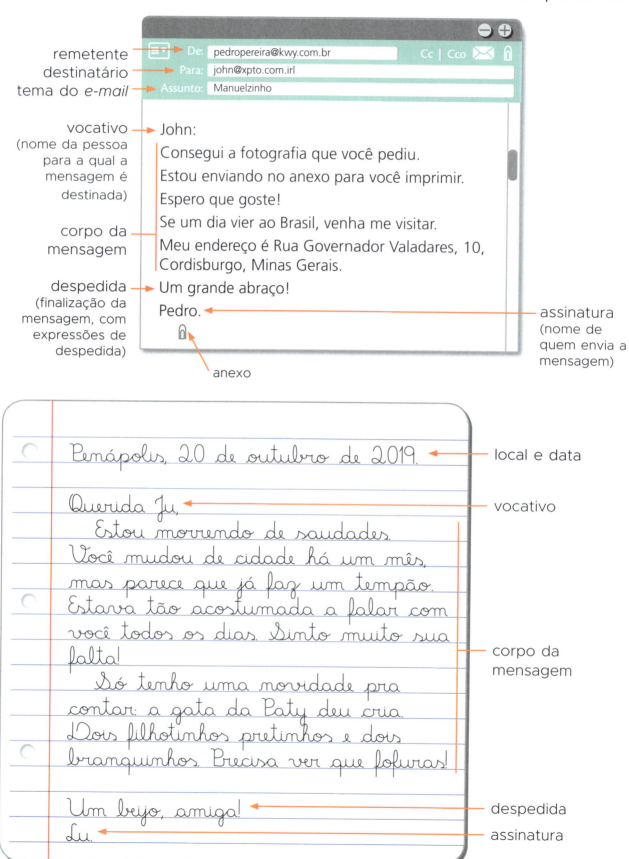

Compare o *e-mail* e a carta da página anterior. Escreva **V** para as informações verdadeiras e **F** para as falsas.

- [ ] Os *e-mails* e a carta contam algo a alguém.
- [ ] O tempo de chegada ao destinatário é o mesmo.
- [ ] Lu poderia ter anexado uma fotografia dos gatinhos se enviasse a carta por *e-mail*.
- [ ] Tanto na carta quanto nos *e-mails* há vocativo, corpo da mensagem, despedida e assinatura.

O que aprendemos sobre...

E-mail

- Geralmente o *e-mail* contém assunto, vocativo, texto, despedida e assinatura.
- É possível anexar um documento, como uma imagem, um vídeo e um áudio.

Para saber mais

E-mail

E-mail é a abreviatura da expressão inglesa *electronic mail*, que significa correio eletrônico.

O termo *e-mail* designa tanto a mensagem enviada pela internet quanto o endereço para o qual enviamos a mensagem.

No Brasil, um endereço de *e-mail* costuma ter a seguinte estrutura: **nome@provedor.com.br**.

Giramundo

História das cartas

Como será que as pessoas conversavam por escrito antes de inventarem o computador e a internet?

Leia um texto sobre isso.

https://sites.google.com/site/evolucaodacarta/carta

Carta

As cartas são consideradas o meio de comunicação mais antigo do mundo. Não se sabe ao certo quando elas surgiram, mas os reis do antigo Oriente Médio já escreviam cartas. Por ser também um dos registros mais antigos, alguns estudiosos apontam, inclusive, que a carta é a mãe de todos os gêneros textuais, ao lado dos mitos e contos populares. Já no Egito, mais de 4 mil anos antes da Era Cristã, já existiam os sigmanacis, mensageiros que levavam recados escritos a pé ou montados em cavalos e camelos. [...]

Camelo e pirâmides. Gizé, Cairo, Egito.

Mãe de todos: origem, causa, fonte.

222

No Brasil, as cartas chegaram junto com os primeiros portugueses. Assim que a esquadra de Cabral aportou, Pero Vaz de Caminha enviou uma correspondência ao rei comunicando o descobrimento das novas terras. O escrito foi levado a Portugal por um dos navios, que retornou dez dias depois. Em 25 de janeiro de 1663, o rei de Portugal nomeou João Cavalheiro Cardozo como "correio" – o responsável por enviar informações da Colônia. O primeiro serviço postal semelhante ao que conhecemos hoje, com pagamento de selos para o envio da correspondência, surgiu na Inglaterra em 1840. O Brasil foi o segundo país do mundo a utilizar o selo, em 1843.

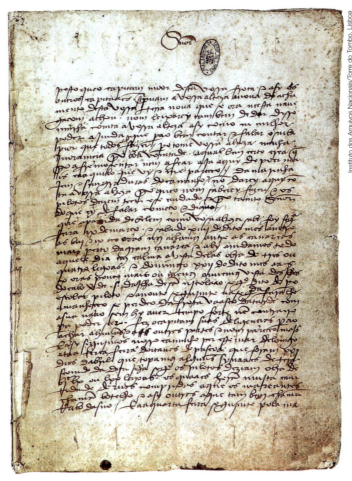

Carta enviada a D. Manuel por Pero Vaz de Caminha em 1º de maio de 1500.

Antigamente, a base das comunicações eram as cartas. Cartas de amor, cartas oficiais, cartas dramáticas. Depois, veio o telefone. Todo mundo se ligava, por mais cara (e pior) que fosse a ligação. Agora, com a evolução tecnológica, tudo se resolve através do computador.

Disponível em: <https://sites.google.com/site/evolucaodacarta/carta>.
Acesso em: 9 jun. 2017.

1. Responda de acordo com o texto.

a) Por que a carta é considerada a mãe de todos os gêneros textuais?

_____

_____

_____

_____

_____

b) Como as cartas chegaram ao Brasil?

_____

_____

_____

_____

2. Por que atualmente os *e-mails* estão cada vez mais substituindo as cartas?

_____

_____

_____

_____

3. Converse com uma pessoa mais velha de sua família para saber se ela tem uma carta bem antiga para lhe mostrar.

- Analise em que época a carta foi escrita, quem a escreveu, para quem ela foi escrita, em que situação.
- Registre nas linhas abaixo o que você descobriu. Depois, conte aos colegas.

Palavras com S e SS

1. Releia o *e-mail* de John.

> É verdade que existe aí na sua cidade um passarinho chamado manuelzinho da c'roa?
> Se for verdade, dá para me mandar uma foto dele?
> Eu tenho uma coleção de fotos de passarinhos do mundo todo e dizem que esse tal manuelzinho da c'roa é muito bonito.
> Quem contou foi um amigo do meu pai que já leu um escritor daí da sua cidade chamado Guimarães Rosa.
> O meu endereço é Joyce Ulysses Street, 16, Dublin, Irlanda.

a) Circule no texto acima as palavras escritas com a letra **s** ou com o grupo **ss**.

b) Observe a posição da letra **s** e do grupo **ss** nas palavras circuladas e responda.

- Há palavras que começam com a letra **s**? E com **ss**?

_____

_____

- A letra **s** pode aparecer no final da sílaba ou da palavra? E o grupo **ss**?

_____

- Em quais palavras a letra **s** ou o grupo **ss** aparecem entre duas vogais?

_____

_____

c) Nas palavras **passarinho** e **Rosa**, o som do **s** é o mesmo?

_____

_____

d) Para representar o som **s**, entre vogais, o que devemos fazer?

_____

e) Em quais palavras do *e-mail* de John o som do **s** é representado por outras letras, como **c** e **ç**?

_____

> A letra **s** tem som de **s** quando está no começo da palavra ou após consoante. Exemplos: **s**alada, in**s**istir.
> Quando está entre vogais, o **s** tem som de **z**. Exemplos: ca**s**a, me**s**a.
> Para ter som de **s**, entre vogais, é preciso usar o grupo **ss**. Exemplos: ma**ss**inha, pê**ss**ego.

2. Pesquise em jornais e revistas palavras para completar o quadro.

S no início da palavra ou após consoante	S entre vogais	grupo SS

Leia para os colegas as palavras que você escreveu.

227

Outra leitura

Você sabe o que é uma carta de leitor? Leia estas cartas de leitor.

LOBO BRANCO

Olá, pessoal da *CHC*. Eu amei a revista número 221 que fala sobre a jaguatirica. Eu não sabia que a jaguatirica estava em extinção! Eu queria que vocês falassem sobre o lobo branco. Eu amo muito lobos. Obrigado! Gosto muito de vocês.
Jonatas G.
Parque dos Eucaliptos/SP.

Vamos atrás de informações sobre o lobo, Jonatas!

POR QUÊ?

Querido Rex! Tenho duas dúvidas: gostaria de saber se o ar que respiramos pode acabar e por que os seres humanos destroem as árvores.
Angeline F. G.
Porto Alegre/RS.

Assuntos importantes, Angeline. Vamos refletir!

TUCANOS NA *CHC*

Olá, *CHC*, gostaríamos de sugerir uma matéria sobre tucanos. Quanto tempo eles vivem? Adoramos a revista, ela é muito interessante para responder nossas dúvidas sobre diferentes tipos de coisas. Beijos!
Marina S. Campinas/SP.

Olá, Marina. Publicamos na CHC 177 a galeria "Araçari-de-pescoço-vermelho", uma espécie de tucano. Beijos.

Revista *Ciência Hoje das Crianças*, ano 30, n. 288, abr. 2017, p. 30.

1. Quem escreveu as cartas? Como os autores das cartas aparecem identificados?

_____

_____

2. Para quem as cartas de leitor foram escritas?

_____

3. Por que elas foram escritas?

_____

_____

4. Observe que todas as cartas de leitor têm um título.

   a) Como esses títulos aparecem destacados?

   _____

   _____

   b) Você acha que esses títulos são escritos pelos leitores ou pelos responsáveis pela revista?

   _____

   _____

5. Nas cartas do leitor, os títulos:

   ☐ ajudam a entender a carta.

   ☐ ajudam o leitor a identificar o assunto tratado.

   ☐ explicam quem editou a carta para informar aos leitores qual é o assunto abordado.

6. O que são os textos em itálico que aparecem ao final de cada carta de leitor?

_____

_____

Estudo da língua

Concordância: substantivo e adjetivo

1. Leia a tirinha.

Disponível em: <https://tirasarmandinho.tumblr.com/post/159507623619>. Acesso em: 28 set. 2017.

a) No primeiro quadrinho, qual é o substantivo? Que adjetivo caracteriza esse substantivo?

_____

b) E no segundo quadrinho, qual é o substantivo e o adjetivo que o caracteriza?

_____
_____

c) E no terceiro quadrinho?

_____
_____

d) Qual é a diferença entre **preguiça gigante** na fala do pai e **preguiças-gigantes** na fala do menino?

_____
_____

e) Como ficaria a fala do menino se ele se referisse a uma única preguiça-gigante?

_____

_____

f) Que outras palavras foram alteradas ao mudar o número do substantivo?

_____

> As palavras que se ligam ao substantivo concordam com ele em **gênero** (masculino e feminino) e **número** (singular e plural). Exemplo: a preguiça-gigante extinta; as preguiças-gigantes extintas.

2. Leia este trecho de um conto.

Dudu ia fazer 7 anos, mas, por ser pequeno e muito magro, parecia um pouco mais novo. Era bonitinho, mas não apresentava nenhum traço marcante: seus cabelos encaracolados rodeavam o rosto alongado, tinha olhos miúdos e a boca grande demais.

[...]

Regina Drummond. *Seres fantásticos do folclore brasileiro.*
Barueri: Girassol, 2012. p. 6.

a) Circule os adjetivos.

b) Ligue com uma seta os adjetivos aos substantivos que eles caracterizam.

c) Por que foram usados todos esses adjetivos?

_____

_____

231

E-mail

Escreva um *e-mail* para uma pessoa de que você gosta muito e que não vê há algum tempo.

Comunique a ela alguma novidade que aconteceu em sua vida ou em sua família recentemente.

Planejamento

1. Para quem você gostaria de escrever?
2. Qual é seu grau de intimidade com essa pessoa?
3. O que você vai contar a ela?
4. A linguagem que você vai utilizar será mais formal ou informal?
5. Para enviar o *e-mail*, você terá de saber o endereço eletrônico da pessoa.

Escrita

Utilize o espaço da página seguinte para fazer um rascunho de seu texto.

Revisão e reescrita

Antes de enviar o *e-mail*, verifique se você:
- utilizou linguagem adequada ao destinatário e ao assunto;
- pontuou as frases corretamente;
- acentuou as palavras;
- evitou a repetição desnecessária de palavras, substituindo algumas delas por pronomes;

- despediu-se utilizando palavras adequadas ao destinatário;
- assinou de acordo com o grau de intimidade que tem com ele.

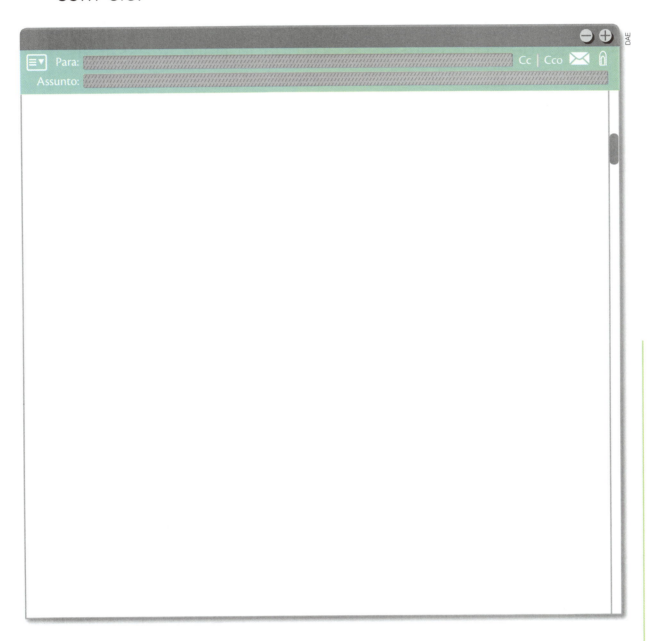

Edição

Acesse a internet, digite seu texto no *e-mail* e envie-o ao destinatário.

Se você receber uma resposta, mostre-a aos colegas.

233

Debate

Que idade você considera adequada para acessar as redes sociais?

Leia um texto sobre o assunto.

 https://jornaljoca.com.br/portal/e-possivel-controlar-criancas-e-adolescentes-nas-redes-sociais/

[...]
Quais são os malefícios do uso das redes sociais para crianças e adolescentes?

Malefícios cognitivos

A internet e, principalmente, as redes sociais propiciam a dispersão e a desconcentração cognitiva.

Estar conectado a vários *sites* diferentes simultaneamente, postar conteúdos [...] e ouvir música ao mesmo tempo em que se assiste a um vídeo são atividades comuns de muitas crianças e adolescentes nas plataformas digitais.

No entanto, esse tipo de comportamento favorece a distração e dificulta a concentração em momentos em que a criança precisa focar a atenção em alguma atividade importante como, por exemplo, estudar para uma prova.

Não é à toa que casos de distúrbio de atenção e hiperatividade tenham crescido tanto nos últimos anos entre crianças e adolescentes. Além disso, ficar muito tempo na frente do computador leva os jovens ao sedentarismo.

Maleficios sociais

O uso excessivo de redes sociais pode levar a surtos de depressão e de ansiedade.

Como as pessoas costumam postar e mostrar só os seus momentos e experiências positivos na rede, a criança pode começar a achar que a sua vida não é boa o suficiente, levando a comparações descabidas e a sentimentos de inferioridade e de solidão.

Outro grande problema do mundo digital é o *cyberbulliyng*. Crianças e adolescentes são vítimas constantes desse tipo de perseguição *on-line*.

Maleficios informacionais

Os filtros na internet são diferentes dos filtros de outras mídias e formas de publicação – jornais, revistas e livros.

As redes são muito abertas a todo tipo de postagem, fazendo com que muito do que circule nas suas páginas seja falso, sem qualquer embasamento na realidade.

Sem um devido aconselhamento, as crianças podem ter dificuldades para discernir fatos, fantasias e suposições.

Quais são as vantagens do uso das redes por crianças e adolescentes?

Vantagens cognitivas

As redes sociais estimulam o desenvolvimento cognitivo das crianças e adolescentes, possibilitando a criação de novas conexões cerebrais, ao expor os usuários a jogos que demandam o uso da lógica, a desafios que estimulam o raciocínio numérico e espacial e a charadas que promovem a aquisição de novos termos.

O QI médio das pessoas tem aumentado de forma contínua e gradual. Com a exposição das crianças e adolescentes à internet, esse efeito tende a aumentar.

Vantagens sociais

As redes proporcionam uma possibilidade enorme de socialização. É possível conhecer pessoas do mundo todo por meio da internet.

Além disso, a criança pode encontrar grupos de amigos que compartilham os mesmos valores e ideias, reencontrar pessoas e parentes afastados.

Vantagens informacionais

Hoje, é possível saber e aprender de tudo na internet. São postados diariamente nas redes sociais tutoriais, cursos online, atlas e mapas interativos e documentários. Muitas vezes, eles são de graça ou com um preço bem acessível.

[...]

Disponível em: <https://jornaljoca.com.br/portal/e-possivel-controlar-criancas-e-adolescentes-nas-redes-sociais/>. Acesso em: 5 ago. 2017.

Antes do debate

De acordo com o texto, quais são as vantagens e desvantagens do uso das redes sociais por crianças e adolescentes? Anote sua opinião em uma folha de papel para consultar durante o debate, se precisar.

Como você justifica sua opinião? Pense nos argumentos que você pode utilizar para isso. O texto que você leu pode ajudá-lo a defender seu ponto de vista.

Durante o debate

Na sua vez de falar, exponha e justifique seu ponto de vista sobre o assunto.

É importante falar em voz alta e com clareza para que todos ouçam e entendam o que você diz.

Respeite a opinião dos colegas e ouça-a com atenção.

Se quiser solicitar algum esclarecimento ou argumentar sobre a opinião de algum colega, levante a mão.

Após o debate

A que conclusão você e os colegas chegaram sobre o uso das redes sociais por crianças e adolescentes?

O que a maioria dos colegas opiniou sobre o assunto? E a minoria?

Escreva um texto sobre a conclusão do debate.

Retomada

1. Leia o *e-mail*.

De: anabeatriz@jvk.com.br
Para: mariadelourdes@prwalimentos.com.br
Assunto: Feliz aniversário

Oi, vovó Maria!
Parabéns pelo seu aniversário.
Eu e a mamãe fizemos um bolo para você.
Até mais tarde.
Ana.

a) Quem escreveu o *e-mail*?

_____

b) Para quem o *e-mail* foi escrito?

_____

c) Para que o *e-mail* foi escrito?

_____

_____

2. Escolha o sujeito no quadro para completar as frases.

Um amigo do meu pai	Pedro
A avó de Ana	Os seres humanos

a) _____ faz aniversário.

b) _____ derrubam árvores.

c) _____ enviou um *e-mail* para John.

d) _____ leu um livro de um escritor da sua cidade chamado Guimarães Rosa.

3. Observe algumas frases retiradas de textos que você leu neste livro. Depois, sublinhe o predicado.

a) Muitos animais comem plantas com sementes.

b) As minhocas são os bichos mais importantes do mundo.

c) Os indígenas conhecem muitas espécies de mandioca.

d) O leão ficou completamente hipnotizado pela música.

e) O homem e a mulher saíram correndo de volta para casa.

4. Complete as frases com um predicado.

a) As crianças e os adolescentes _____

_____.

b) Os idosos _____

_____.

c) Meu amigo _____

_____.

239

Construir um mundo melhor

Plante uma árvore

Você sabe qual é a importância das árvores? Leia este cartaz.

AS ÁRVORES...

1. NOS FORNECEM SOMBRA PARA SENTAR, BRINCAR E DESCANSAR.
2. SÃO O LAR DE MUITOS ANIMAIS: PÁSSAROS, INSETOS E ATÉ MAMÍFEROS!
3. PODEM PRODUZIR FRUTOS QUE SERVEM DE ALIMENTO PARA NÓS E PARA MUITOS OUTROS ANIMAIS.
4. SÃO A MATÉRIA-PRIMA DO PAPEL, QUE UTILIZAMOS PARA ESCREVER E ESTUDAR.
5. FAZEM FOTOSSÍNTESE, E COM ISSO AJUDAM A RETIRAR A POLUIÇÃO DO AR QUE RESPIRAMOS.
6. DEIXAM QUALQUER PAISAGEM MUITO MAIS BONITA.
7. TRANSPIRAM BASTANTE, PRODUZINDO ATÉ 60 LITROS DE ÁGUA POR DIA. ESSA ÁGUA EVAPORA VIRANDO CHUVA.
8. AJUDAM A MANTER A TEMPERATURA EQUILIBRADA, DEIXANDO O LOCAL BEM MAIS FRESQUINHO.
9. FORNECEM MADEIRA PARA UTILIZARMOS EM CONSTRUÇÃO DE MÓVEIS, CASAS E OBJETOS.
10. AJUDAM A EVITAR A EROSÃO DO SOLO CAUSADA PELA ÁGUA DA CHUVA. UMA ÁRVORE ADULTA ABSORVE ATÉ 250 LITROS DE ÁGUA POR DIA.
11. FORMAM UMA PAREDE QUE EVITA A PROPAGAÇÃO DE RUÍDOS, TORNANDO A ÁREA MENOS BARULHENTA.

Disponível em: <http://manhee.com.br/posts/voce-ja-plantou-uma-arvore-com-o-pequeno-nao-entao-olha-que-legal>. Acesso em: 15 ago. 2017.

E você, o que pode fazer?

Que tal criar uma campanha para que as pessoas da escola e do lugar onde você mora plantem árvores?

Uma sugestão interessante é presentear essas pessoas com mudas de plantas.

Você não precisa comprar as mudas. Pesquise em *sites* como elas podem ser retiradas de plantas adultas.

Sugestão: <http://comofazermudas.com.br>.

Você também pode preparar um pequeno texto com instruções e ilustrações de como se faz o plantio.

Veja uma ideia.

Disponível em: <https://arvoresertecnologico.tumblr.com/post/128862988532/est%C3%A1-chegando-a-%C3%A9poca-de-chuvas-boa-para-se>. Acesso em: 15 ago. 2017.

241

Periscópio

📖 Para ler

Cara Carlota Cornelius, de Mathilde Stein. São Paulo: WMF Martins Fontes, 2014.
Uma carta misteriosa chegou à casa de Carlota e trouxe para a menina diferentes possibilidades de sonhar. Sonhe junto com ela como viver uma vida diferente.

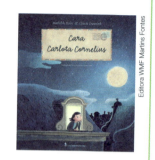

Cartas a povos distantes, de Fábio Monteiro. São Paulo: Paulinas, 2015.
Um menino brasileiro e um menino de Luanda, Angola, trocam correspondências e compartilham informações sobre o lugar onde vivem, o povo ao qual pertencem, família e a vida de cada um.

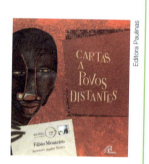

De carta em carta, Ana Maria Machado. São Paulo: Salamandra, 2002.
Esse livro foi inspirado em uma situação vivida pela autora: numa viagem, viu inúmeros escrevinhadores de carta em uma praça. Anos depois, nasceu a história do menino que brigou com o avô e resolveu escrever uma carta para ele. Mas como, se não sabia escrever?

Superligado, de Rosi Vilas Boas, Cassiana Pizaia e Rima Awada. São Paulo: Editora do Brasil, 2016.
Pedro vive tão ligado em tecnologia, que começa a perder as situações simples e importantes do dia a dia, como o jogo de bola na escola ou a fotografia de família. Será que é tarde demais?

Referências

A RAPOSA e as uvas. *Uol*. Disponível em: <http://sitededicas.ne10.uol.com.br/fabula-a-raposa-e-as-uvas.htm>. Acesso em: 15 ago. 2017.

ALMEIDA, Elenice Machado de. *Fábulas fantásticas*. São Paulo: Sesi-SP, 2011.

AS ÁRVORES... *Manhêê*. Disponível em: <http://manhee.com.br/posts/voce-ja-plantou-uma-arvore-com-o-pequeno-nao-entao-olha-que-legal>. Acesso em: 15 ago. 2017.

ASSUNÇÃO, Paulinho. *Bilhetes viajantes*. Belo Horizonte: Dimensão, 2012.

BECK, Alexandre. *Armandinho*. Disponível em: <https://tirasarmandinho.tumblr.com/post/159507623619>. Acesso em: 28 set. 2017.

_____. *Armandinho Cinco*. Florianópolis: A. C. Beck, 2015.

BORGES, Maria L. X. de A. (Trad.). *Contos de fadas*. Rio de Janeiro: Zahar, 2013.

BRANDÃO, Dani. As histórias por trás do *tsuru*, o pássaro sagrado japonês. Disponível em: <http://waau.com.br/as-historias-por-tras-do-tsuru>. Acesso em: 9 ago. 2017.

BRANDÃO, Heliana; FROESELER, Maria das Graças V. G. *O livro dos jogos e das brincadeiras*: para todas as idades. Belo Horizonte: Leitura, 1997.

BRINCADEIRAS pelo mundo. *Turminha da Graça*, ano 10, n. 94, p. 26. Disponível em: <http://cargocollective.com/carvaestudio/INFOGRAFICOS>. Acesso em: 18 jul. 2017.

BUENO, Renata; MEDINA, Sinval. *Manga madura não se costura?* São Paulo: Editora do Brasil, 2012.

CALDAS AULETE. *Dicionário escolar da língua portuguesa* – ilustrado com a turma do Sítio do Pica-pau Amarelo. São Paulo: Globo, 2009.

CAMARGO, Dilan. *Brincriar*. Porto Alegre: Projeto, 2007.

CAMARGO, Maria Amália. *Simsalabim*. São Paulo: Caramelo, 2013.

CARTAS. *Ciência Hoje das Crianças*, Rio de Janeiro: Instituto Ciência Hoje, ano 30, n. 288, p. 30, abr. 2017.

CHEMELLO, Thereza. *Brincando com dobraduras*. São Paulo: Global, 2003.

COMO desenhar filhotes fofinhos. Trad. Aline Coelho. Barueri: Girassol, 2014.

COMO plantar o papel semente. *Seed Paper*. Disponível em: <www.seedpaper.com.br>. Acesso em: 5 ago. 2017.

COMO plantar sua árvore. *Tumblr: Árvore, ser tecnológico*. Disponível em: <https://arvore-sertecnologico.tumblr.com/post/128862988532/est%C3%A1-chegando-a-%C3%A9poca-de-chuvas-boa-para-se >. Acesso em: 15 ago. 2017.

CONEBOL. Mapa do Brincar. *Folha de S.Paulo*. Disponível em: <http://media.folha.uol.com.br/mapadobrincar/2011/12/09/conebol_caxiasdosul_rs.pdf>. Acesso em: 5 ago. 2017.

CONHEÇA selos famosos e saiba como começar sua própria coleção. *Folha de S.Paulo*, 16 maio 2015. Disponível em: <www1.folha.uol.com.br/folhinha/2015/05/1629482-conheca-os-selos-mais-valiosos-e-saiba-como-comecar-sua-propria-colecao.shtml>. Acesso em: 28 set. 2017.

DELRIEU, Alexia; MENTHON, Sophie de. *A publicidade*. São Paulo: Ática, 2008.

DRAGÃO-MARINHO-VERMELHO é filmado pela primeira vez. Redação *Galileu*. São Paulo: Globo. Disponível em: <http://revistagalileu.globo.com/Ciencia/noticia/2017/01/dragao-marinho-vermelho-e-filmado-pela-primeira-vez.html>. Acesso em: 8 ago. 2017.

DRUMMOND, Regina. *Seres fantásticos do folclore brasileiro*. Barueri: Girassol, 2012.

É POSSÍVEL controlar crianças e adolescentes nas redes sociais? *Joca*. Disponível em: <https://jornaljoca.com.br/portal/e-possivel-controlar-criancas-e-adolescentes-nas-redes-sociais>. Acesso em: 5 ago. 2017.

EDUAR, Gilles. *Diálogos fabulosíssimos*. São Paulo: Companhia das Letrinhas, 2017.

EDUARDO, Anderson Aires. Por que devemos nos preocupar com a extinção das espécies? *Ciência Hoje das Crianças*, Rio de Janeiro: Instituto Ciência Hoje, ano 30, n. 287, p. 12, mar. 2017.

ESOPO. *124 fábulas de Esopo*. Trad. Antônio Carlos Vianna. Porto Alegre: L&PM, 2013.

FERREIRA, Aurélio Buarque de Holanda. Ilustrações de Andres Lieban. *Dicionário infantil ilustrado da língua portuguesa*. 2. ed. Curitiba: Positivo, 2008.

FONTENELLE, Giovanna. Menino de treze anos encontra um dente de dinossauro em praia. *Viagem e turismo*. Disponível em: <https://viagemeturismo.abril.com.br/blog/viagem-no-tempo/menino-treze-anos-dente-de-dinossauro-praia-africa-do-sul-alossauro/>. Acesso em: 8 ago. 2017.

FURNARI, Eva. *Travadinhas*. São Paulo: Moderna, 2013.

GALVÃO, Jean. *Recreio Especial*: Tirinhas. São Paulo: Abril, n. 389, [s.d.].

GIOIELLI, Décio. *A mbira da beira do rio Zambeze*. In: Heloisa Pires (Org.). São Paulo: Moderna, 2007.

_____. *Divertudo*. Disponível em: <www.divertudo. com.br/entrevistas/entrevista25.html>. Acesso em: 25 jul. 2017. Entrevista concedida ao *site*.

HAILER, Marco Antônio. *Um mundo chamado alfabeto*. 2. ed. São Paulo: Carochinha, 2014.

_____. *Recanto das letras*. Disponível em: <www. recantodasletras.com.br/infantil/6119482>. Acesso em: 27 set. 2017.

HONORA, Márcia; FRIZANCO, Mary Lopes Esteves. *100 jogos para se divertir*: com versões adaptadas para crianças com deficiência. Barueri: Ciranda Cultural, 2016.

JOGO da sílaba BA. *Smartkids*. Disponível em: <www.smartkids.com.br/jogo/silabas-jogo-silaba-ba>. Acesso em: 19 jul. 2017.

LAGARTA, Marta. *Abraço de pelúcia*. Belo Horizonte: Autêntica, 2010.

LEITÃO, Míriam. *A menina de nome enfeitado*. Rio de Janeiro: Rocco Digital, 2014. E-book.

LIMA, Maurício; BARRETO, Antônio. *O jogo da onça*. São Paulo: Panda Books, 2005.

LIMA, Sírlia Sousa de. *Contos encantados em cordel*. 2. ed. Natal: CJA Edições, 2015.

LIVRO de dobraduras. São Paulo: Nova Leitura, [s.d.].

MAIS liberdade no dia das crianças. *Movimento Infância Livre de Consumismo*. Disponível em: <http://milc.net.br/2015/10/mais-liberdade-no-dia-das-criancas/#.WcEn7ciGOM9>. Acesso em: 27 set. 2017.

MOREIRA-SANTOS, Walther. *O colecionador de manhãs*. São Paulo: Formato Editorial, 2011.

MUNDURUKU, Daniel. *Catando piolhos, contando histórias*. São Paulo: Escarlate, 2014.

_____. *Coisas de índio*: versão infantil. São Paulo: Callis, 2005.

NANI. *Abecedário hilário*. Belo Horizonte: Abacatte, 2009.

NÓBREGA, Janduhi Dantas. *A gramática no cordel*. João Pessoa: Sal da Terra, 2005.

NÓBREGA, Maria José; PAMPLONA, Rosane. *Salada, saladinha*: parlendas. São Paulo: Moderna, 2005. (Coleção Na Panela do Mingau).

O QUE é ser índio. *PIBMirim*. Disponível em: <https://mirim.org/o-que-e-ser-indio>. Acesso em: 25 jul. 2017.

OBEID, César. *Loucoliques da língua portuguesa*. São Paulo: Editora do Brasil, 2016.

OBEID, César. *Minhas rimas de cordel*. São Paulo: Moderna, 2013. (Coleção Veredas).

PEQUENA Enciclopédia da Curiosidade Infantil. São Paulo: Melhoramentos, 2010.

REBOUÇAS, Thalita. *Fala sério, professor!* Rio de Janeiro: Rocco Digital, 2012.

ROSINHA. *Adivinha só!* São Paulo: Editora do Brasil, 2012.

SALAMANDRA. *Catálogo de literatura*: A mbira da beira do rio Zambeze. Disponível em: <www.salamandra.com.br/main.jsp?lumPageId= 4028818B2E3AAEB2012E49CCED182E5D& itemId=0DA051C96D8147D6AF07B38E364A82C6>. Acesso em: 8 ago. 2017.

SOMBRA, Fábio. *Mamão, melancia, tecido e poesia*. São Paulo: Moderna, 2013.

SOUSA, Mauricio de. *120 tirinhas da Turma da Mônica*. Porto Alegre: L&PM, 2012.

_____. *Almanaque do Chico Bento*, n. 40, ago. 2013.

_____. Inclusão social. *Turma da Mônica*. Disponível em: <http://turmadamonica.uol.com.br/ quadrinhos>. Acesso em: 19 set. 2017.

TADEU, Paulo. *Proibido para maiores*: as melhores piadas para crianças. São Paulo: Matrix, 2007.

TOSCANO, Gabriel. Minhocas aliadas. *Ciência Hoje das Crianças*. Disponível em: <http:// chc.cienciahoje.uol.com.br./minhocas-aliadas>. Acesso em: 27 jul. 2017.

UNIVERSIDADE DE CAXIAS DO SUL. *Carta*. Disponível em: <https://sites.google.com/site/ evolucaodacarta/carta>. Acesso em: 9 jun. 2017.

VIANA, Arievaldo. *A peleja de Chapeuzinho Vermelho com o Lobo Mau*. São Paulo: Globo, 2011.

VICENTE, Rebecca. Na era das mensagens de celular, crianças colecionam selos postais. *Folha de S.Paulo*. Disponível em: <www1.folha.uol. com.br/folhinha/2015/05/1629473-na-epoca-das-mensagens-de-celular-conheca-criancas-que-colecionam-selos.shtml>. Acesso em: 27 set. 2017.

VIDA de índio. *Joca*, ed. 93, p. 12, abr. 2017.

YOUSAFZAI, Malala. *ONU Notícias e mídia*. Disponível em: <www.unmultimedia.org/ radio/portuguese/2017/04/entrevista-malala-yousafzai/#.WXOkt4grJPY>. Acesso em: 22 jul. 2017. Entrevista concedida a Dianne Penn. Trad. Leda Letra.

ZIRALDO. *As melhores tiradas do Menino Maluquinho*. São Paulo: Melhoramentos, 2005.

_____. Endereço certo. *O Globo*, 30 nov. 2003. Globinho, p. 2.

Material complemtar

Unidade 1 – página 34

pipoca pi.<u>po</u>.ca *sf.*

1 <u>Pipa</u> é um brinquedo feito de papel fino colado numa estrutura de varetas, na qual se amarra uma linha para empiná-lo. [= PAPAGAIO; PANDORGA]

1 <u>Pique</u> é uma brincadeira em que uma criança tem de pegar outras crianças antes que elas cheguem a um lugar determinado, o <u>pique</u>.

3 **popular** <u>Pique</u> é também energia, entusiasmo. **Ir a pique** Afundar (uma embarcação): *O navio foi a <u>pique</u>.*

piquenique pi.que.<u>ni</u>.que *sm.*

<u>Piquenique</u> é um passeio em que as pessoas comem e bebem ao ar livre.

<u>Pipoca</u> é o grão de milho estourado pelo calor, que se come salgado ou doce (com mel, chocolate etc.). **pipoqueiro** pi.po.<u>quei</u>.ro *sm.* Quem vende pipoca.

2 Chama-se <u>pique</u> também o momento de maior intensidade de um processo, um acontecimento etc.: *os momentos de <u>pique</u> no trânsito.*

pique <u>pi</u>.que *sm.*

2 <u>Pipa</u> é também uma vasilha parecida com um barril, para guardar vinho e outros líquidos.

pipa <u>pi</u>.pa *sf.*

Unidade 3 – página 90

Para isso não poupou esforços. E usando os seus dotes, conhecimentos e artifícios resolveu pegá-las. Mas, embora fora do seu alcance, não desistiu sem antes tentar de todas as formas.

Para superar limites ou pontos falhos, em primeiro lugar precisamos percebê-los, depois aceitá-los como realidade...

Por fim, deu meia-volta e foi embora. Apesar de desapontada com seu fracasso, ainda assim saiu consolando a si mesma, e disse:

Moral da história 2:
Cada limitação não corrigida potencializa nossos pontos fracos e eventuais desvios de caráter...

Desolada, cansada, faminta e frustrada com o insucesso de sua empreitada, suspirando, deu de ombros, e finalmente se deu por vencida.

"Na verdade, olhando agora com mais atenção, percebo que as uvas estão todas estragadas e não maduras como imaginei a princípio..."

Não pensou duas vezes, e depois de certificar-se de que o caminho estava livre de intrusos, resolveu colher seu alimento.

Uma raposa, morta de fome depois de um jejum não intencional, viu, ao passar diante de um pomar, penduradas nas ramas de uma viçosa videira, alguns cachos de exuberantes uvas negras, e o mais importante, maduras.

Moral da história 1:
Ao não reconhecer ou aceitar as próprias limitações, perde o indivíduo a oportunidade de ouro de corrigir suas falhas...

Unidade 4 – página 103

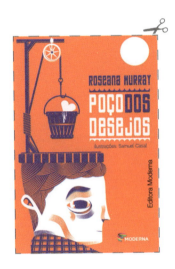

Unidade 6 – página 155

Unidade 7 – página 183